Rabbi Marc Gellman
Monsignor Thomas Hartman

Wo wohnt Gott?

OMNIBUS

DIE AUTOREN

Marc Gellman ist Rabbi einer jüdischen Gemeinde in New York und Doktor der Philosophie. Monsignor *Thomas Hartman* ist Direktor des Radio- und Fernsehsenders, den die Diözese von Long Island, New York, betreibt. Für seine Radiosendungen erhielt er zahlreiche Preise, darunter dreimal den Emmy Award. Zusammen moderieren Gellman und Hartman eine Fernsehsendung über religiöse Fragen, die regelmäßig über dreißig Millionen Zuschauer erreicht.

Rabbi Marc Gellman
Monsignor Thomas Hartman

Wo wohnt Gott?

Die großen Fragen und die Antwort der Religionen

Aus dem Englischen von
Christa Broermann

OMNIBUS

OMNIBUS

Der Taschenbuchverlag
für Kinder und Jugendliche
von Bertelsmann

Band 20474

Von Marc Gellman und Thomas Hartman
ist bei OMNIBUS erschienen:

Wie buchstabiert man Gott? Die großen Fragen und die Antwort der Religionen. Mit einem Vorwort des Dalai Lama (20416)

Umwelthinweis:
Dieses Buch wurde auf chlorfrei gebleichtem Papier gedruckt.

Genehmigte Taschenbuchausgabe März 1999
Gesetzt nach den Regeln der Rechtschreibreform

Die Originalausgabe erschien 1991 in den USA
bei Triumph Books, Liguori, Missouri,
unter dem Titel »Where Does God Live?«
Umschlagbild: Dieter Wiesmüller
Umschlagkonzeption: Klaus Renner
NB · Herstellung: Stefan Hansen
Satz: Uhl + Massopust, Aalen
Druck: Presse-Druck Augsburg
ISBN 3-570-20474-X
Printed in Germany

10 9 8 7 6 5 4 3 2 1

Für Larry Fraiberg,
der mich zu Entscheidungen führte, die gleichermaßen
vom Verstand und vom Geist geleitet sind …
Tom Hartman

Für Ron Miller,
der mich auf gemeinsamen Boden führte …
Marc Gellman

Inhaltsverzeichnis

Ein Wort vorab … für Kinder 9
Ein Wort vorab … für Eltern 14

Die Fragen:

1 Gibt es Gott wirklich? Teil eins – Die Natur 20
2 Gibt es Gott wirklich? Teil zwei – Unsere innere Stimme 25
3 Gibt es Gott wirklich? Teil drei – Die Bibel 29
4 Wo wohnt Gott? 33
5 Wie sieht Gott aus? 39
6 Wirkt Gott Wunder? 45
7 Ist mein Hamster Elmo in den Himmel gekommen, als er starb? 50
8 Weiß Gott, was ich denke oder was ich tun werde? 55

9 Wenn Gott so gut ist, warum gibt es dann so viel Schlechtes? 61
10 Warum konnte Gott Großvater nicht schnell und ohne Schmerzen sterben lassen? 67
11 Bestraft Gott die Menschen? 74
12 Darf man auf Gott wütend werden? 78
13 Wenn ich Gott etwas sage, hört Gott mir dann zu? 83
14 Liebt mich Gott immer? 88
15 Wenn es nur einen Gott gibt, warum gibt es dann so viele Religionen? 92
16 Spricht Gott zu den Menschen? 97
17 Was soll ich nach Gottes Willen tun? 102
Zusätzliche Fragen 108
Mein Freund Tom Hartman 110
Mein Freund Marc Gellman 111

Ein Wort vorab … für Kinder

Einer von uns ist katholischer Priester, der andere ist Rabbiner, und wir haben dieses Buch geschrieben, weil wir unsere Liebe zu Gott und unsere Liebe zu den Menschen, die wie Gott einzigartig sind, mit anderen teilen wollten. Wir sind gute Freunde, und zu den wichtigsten Erkenntnissen, die wir durch unsere Freundschaft gewonnen haben, zählt eine, die nicht neu ist, die wir aber manchmal wieder vergessen: Als Juden und Christen haben wir zwar unterschiedliche Feiertage und unterschiedliche Gebete, aber wir haben ein und denselben Gott.

So schön es auch ist, dass wir verschiedene Feiertage und Gebete haben, so ist es doch noch schöner, dass wir denselben Gott haben, denn das bedeutet, dass uns mehr miteinander verbindet als voneinander trennt. Manche Christen und manche Juden meinen, dass der Unterschied zwischen uns größer sei als die Gemeinsamkeit, und wer so denkt, braucht vielleicht eine Weile, um sich an dieses Buch zu gewöhnen. Manche Menschen meinen, wenn wir über die Gemeinsamkeiten sprechen, vergessen wir, worin wir uns unterscheiden und wie man einige der besonderen Dinge tut, die uns unterscheiden. Wir glauben das nicht. Vielmehr sind wir der Meinung, dass wir schon genug darüber sprechen und genug darüber wissen, worin wir verschieden sind, aber zu wenig darüber sprechen und wissen, worin wir gleich sind. Deshalb haben wir dieses Buch geschrieben.

Vielleicht ist es gut, wenn ihr dieses Buch für euch allein lest. Vielleicht ist es auch gut, wenn eure Eltern es euch vorlesen. Oder es mag für eure Eltern gut sein, es allein zu lesen. Wir hoffen aber, dass ihr in jedem Fall mit euren Eltern über Gott sprecht, wenn ihr dieses Buch lest. Über Gott sprechen ist viel besser als über Hausaufgaben reden und sogar ein bisschen besser als über Fußball oder Boygroups reden, das könnt ihr uns glauben!

Wir wissen, dass eure Eltern oft nicht wissen, was sie sagen sollen, wenn ihr mit ihnen über Gott sprechen wollt. Auch das ist ein Grund dafür, dass wir dieses Buch geschrieben haben. Wir wollen euren Eltern helfen, damit sie euch etwas sagen können, wenn ihr sie nach Gott fragt. Sehr häufig antworten die Eltern nämlich auf eine Frage nach Gott: »Da fragst du am besten den Pfarrer!« oder »Da fragst du am besten den Rabbiner!«, je nachdem, welche Religion ihr habt. Das ist keine schlechte Antwort, weil Pfarrer und Rabbiner euch gute und kluge Auskünfte über Gott geben können, aber sie ist trotzdem nicht zufrieden stellend. Denn wenn ihr eure Eltern nach Gott fragt, wollt ihr ja wissen, was *sie* über Gott denken – nicht, was euer Pfarrer oder euer Rabbiner über Gott denkt.

Wenn man euch jedes Mal zum Pfarrer oder Rabbiner schickt, wenn ihr etwas über Gott erfahren wollt, glaubt ihr womöglich, man müsse eine Art Fachmann für Gott sein, um etwas über Gott zu wissen. Aber etwas über Gott wissen ist nicht dasselbe wie etwas von Wasserleitungen im Haus verstehen (die gehören tatsächlich in die Hand eines Fachmannes, sonst steht bald euer Haus unter Wasser!). Um etwas von Gott zu verstehen, muss man kein Pfarrer oder Rabbiner sein. Viele Menschen, vielleicht auch eure Eltern, sind Fachleute für Gott, und viele Menschen können euch etwas über Gott lehren. Fachleute für Gott (also solche, von denen ihr lernen wollt) sind alle Menschen, die Gott in ihr Leben eingelassen haben und sich Mühe geben, in dieser Welt das zu tun, was Gott von ihnen möchte.

Pfarrer und Rabbiner haben schöne und kluge Worte über Gott zu sagen, und es ist wichtig, in die Kirche oder die Synagoge zu gehen und gemeinsam zu beten, zu singen und etwas über Gott zu lernen. Aber es ist ebenso wichtig, dass ihr auch zu Hause über Gott sprecht. Gott wohnt nicht nur in eurer Kirche oder Synagoge. Gott wohnt ebenso dort, wo ihr zu Hause seid. Gott sollte zu Hause und in der Schule, bei der Arbeit und beim Spiel Teil eures Lebens sein. Gott sollte für alle Bereiche eures Lebens wichtig sein. Euer Leben wird besser und weiter, ihr werdet liebevoller und hilfsbereiter, wenn ihr Gott mitnehmt, wenn ihr die Kirche oder Synagoge verlasst und heimgeht. Deshalb hoffen wir, dass dieses Buch euch Lust macht, mit euren Eltern und euren Freunden über Gott zu sprechen und nicht nur mit eurem Pfarrer oder eurem Rabbiner.

Wir mögen Kinder, und mit der Zeit haben wir gelernt, dass beinahe alle Kinder dieselben Fragen nach Gott stellen. Christliche und jüdische Kinder zerbrechen sich in fast haargenau derselben Weise den Kopf über Gott. Deshalb haben wir in diesem Buch einfach die Fragen, die Kinder am häufigsten an uns richten, zusammengestellt und dann versucht sie zu beantworten.

Aber Fragen über Gott kann man nicht so einfach beantworten wie Fragen über Pizza. Es ist viel schwerer, über Gott zu sprechen und etwas über Gott zu wissen als über Pizza. Bei einer Pizza hat man erst einmal den Teig, dann die Tomatensoße, dann den Käse und den Belag und … fertig ist die Pizza. Wir wissen so viel über Pizzas, weil wir ständig welche sehen und essen. Aber Gott ist anders als eine Pizza. Gott ist anders als alles andere auf der Welt. Gott kann man nicht sehen und auch nicht riechen. Aber Gott ist genauso wirklich wie eine Pizza – sogar noch wirklicher, weil es einmal eine Zeit gab, in der es noch keine Pizza gab (selbst wenn ihr das kaum glauben könnt), aber *es gab nie eine Zeit, in der es Gott noch nicht gab.*

Die Antworten auf die Fragen nach Gott in diesem Buch sind nur unsere persönlichen Antworten. Wenn ihr andere Antworten auf diese Fragen habt, ist das ebenso gut. Solange ihr nach Gott fragt, seid ihr auf dem rechten Weg, und Gott wird euch helfen, die richtigen Antworten zu finden.

Wir hoffen, dass dieses Buch euch helfen wird, Gott näher zu kommen, denn Gott ist euch schon sehr nahe. Näher, als ihr je wissen könnt.

Gott segne euch!

Marc Gellman und Tom Hartman

Ein Wort vorab ... für Eltern

Die meisten Eltern wissen nicht, wie sie die Fragen ihrer Kinder nach Gott beantworten sollen, und jüdische und christliche Kinder stellen dieselben Fragen nach Gott. Deswegen haben wir dieses Buch geschrieben, und deswegen haben wir es auch gemeinsam geschrieben. Wir haben die häufigsten Fragen von Kindern nach Gott gesammelt und beantwortet. Jedes Kapitel besteht aus einer Frage und der entsprechenden Antwort. Wir hoffen, dass diese Fragen und Antworten Ihnen helfen werden, mit Ihren Kindern über Gott zu sprechen. Die hier behandelten Fragen sind nicht die einzigen, die Ihnen gestellt werden können, und die Antworten sind keine Dogmen. Sie stellen nur einen Anfang dar.

Wir sind ein katholischer Priester und ein Rabbiner und dachten, es wäre durchaus möglich und sehr reizvoll den Versuch zu wagen, jüdischen und christlichen Kindern unseren gemeinsamen Gott in gleicher Weise nahe zu bringen.

Dabei sind uns die Unterschiede, die Judentum und Christentum trennen, völlig bewusst, und wir respektieren sie auch. Wir glauben aber, dass diese Unterschiede nichts an der historischen und theologischen Tatsache ändern und sie auch nicht entkräften, dass Juden und Christen einen gemeinsamen Glauben an einen gemeinsamen Gott haben.

Auf die Fragen in diesem Buch kommen oft schon ganz kleine Kinder, aber manche Antworten sind wohl noch etwas zu schwierig für sie. Vielleicht benötigen sie hier und da Ihre Hilfe zum Verständnis einiger Begriffe. Wir haben nämlich in diesem Buch nur die Sprache, nicht aber den gedanklichen Inhalt vereinfacht. Ältere Kinder kommen vermutlich gut allein mit dem Text zurecht, doch auch für diesen Fall möchten wir Sie ermutigen, die Kapitel mit ihnen zusammen zu lesen. Denn schließlich hat dieses Buch den Sinn, Ihnen und Ihrem Kind eine Starthilfe für das gemeinsame Gespräch über Gott zu geben.

Bitte haben Sie keine Angst. Es ist uns klar, wie schwierig es oft ist, die einfachen, direkten und unschuldigen Fragen eines Kindes über Gott zu beantworten. Solche Fragen kommen fast immer unerwartet. Es ist uns auch bewusst, dass sich viele Eltern zunächst einmal recht unbeholfen fühlen, wenn sie über Gott sprechen sollen. Wir sind aber überzeugt, dass Sie mit etwas Geduld und einigen Hinweisen dahin kommen können und sollten, mit Ihrem Kind sehr befriedigende Gespräche über Gott zu führen.

Hier nun einige Vorschläge, die Ihnen dabei helfen können:

1. *Lassen Sie Ihr Kind bei Ihrer religiösen Alltagspraxis zuschauen.*

Gott lässt sich Kindern am besten ohne Worte erklären. Wenn Kinder sehen, dass Sie selbst ein aktives religiöses Leben führen, regt sie das mehr als tausend Bücher zu Fragen an und zeigt ihnen, dass Gott realer Bestandteil Ihres Lebens ist und ebenso ihres eigenen Lebens sein sollte.

Wenn die Kinder Sie beten sehen, werden sie etwas über das Gebet wissen wollen. Wenn Sie ihnen nur etwas über das Gebet sagen, lässt sie das vielleicht völlig kalt. Wenn sie sehen, dass Sie in der Bibel lesen, werden sie etwas über deren Inhalt erfahren wollen. Erzählen Sie ihnen aber nur etwas über die Bibel, berührt sie das vielleicht gar nicht. Wenn sie sehen, dass Sie die Feiertage begehen, werden sie etwas über ihre Bedeutung wissen wollen. Wenn Sie ihnen nur etwas über diese Feiertage sagen, zucken sie vielleicht einfach gelangweilt die Achseln. Kinder lernen kochen, indem sie Ihnen beim Kochen zuschauen. Sie lernen lesen, wenn sie sehen, dass auch Sie gern lesen. Mit Gott ist es nicht anders. Sie lernen etwas über Gott, wenn sie beobachten können, in welcher Weise Gott Teil Ihres Lebens ist.

2. *Sagen Sie Ihren Kindern, woran Sie glauben, machen Sie Ihnen aber gleichzeitig klar, dass sie selbst darüber entscheiden müssen, woran sie glauben wollen.*

Dieses Buch hält sich klar und eindeutig an die Lehren des Judentums und des Christentums, wenn es betont, dass wir die freie Wahl haben, ob wir Gott lieben wollen. Gott will, dass wir uns dafür entscheiden, Gott in unser Leben einzulassen und das zu tun, was Gott von uns möchte. Kinder müssen begreifen, dass Sie, ihre Eltern, sich dafür entschieden haben, an Gott zu glauben, und dass Sie hoffen, dass sie dieselbe Entscheidung treffen werden. Aber ein Kind muss auch wissen, dass es das Recht hat, eine freie Wahl zu treffen und selbst dafür verantwortlich ist. Als Eltern können und werden Sie dem Kind etwas vermitteln, aber irgendwann muss es sich Gott persönlich zu Eigen machen, durch einen Akt des Willens, der Liebe und des Glaubens. Auf diese Weise wird dem Kind der Glaube an Gott nicht aufgezwungen, sondern angeboten, aus Ihrer Liebe zu Gott und aus Ihrem Wunsch heraus, Gottes Gebote in Ihrem Leben zu erfüllen.

3. *Haben Sie keine Angst »Ich weiß nicht« zu sagen, wenn Sie mit Ihrem Kind über Gott sprechen.*

Es ist sehr wichtig für Kinder, dass sie versuchen, etwas zu verstehen, was man nicht vollständig begreifen kann. Gott ist real, aber sehr komplex. Die Erkenntnis, dass die Wirklichkeit durchaus nicht immer leicht verständlich ist, tut den Kindern gut. Sie wird eher ihre Neugier wecken und sie zu weiterem Nachdenken anregen, als Frustration und Verwirrung auslösen. Lassen Sie möglichst jeder Aussage über das, was Sie nicht *wissen,* Aussagen über das folgen, was Sie *glauben.* Denn wenn ein Kind Sie etwas über Gott fragt, fragt es in Wahrheit nicht nur nach Gott, sondern auch nach Ihnen.

4. *Versuchen Sie deutlich zu machen, dass Gott etwas mit unserer Lebensweise zu tun hat und nicht nur mit unserem Glauben.*

Gespräche über Gott werden nur allzu leicht abstrakt und bleiben ohne Bedeutung für unser Leben. Gott ist nicht einfach ein fernes Wesen, das irgendwo weit draußen im Universum wohnt. Der Gott der Juden und der Christen ist ein Gott, der unserer Welt innewohnt – immanent und liebend, aber auch fordernd. Der Glaube an Gott verändert nicht nur unsere Vorstellungen von der Welt, sondern soll vor allem eine Veränderung unseres Verhaltens im Alltag bewirken. Gott will, dass wir auf eine bestimmte Weise leben, nicht lediglich auf eine bestimmte Weise denken, daher muss die Verbindung zwischen Gott und unserem moralischen Handeln für Kinder klar und deutlich erkennbar sein. Gott ist der Grund dafür, dass wir Gutes tun, deshalb ist die Frage, was wir nach Gottes Willen tun sollen, aus religiöser Sicht wichtiger als die Frage, was Gott ist.

5. *Geben Sie keine allzu simplen Antworten auf Fragen nach Gott.*

In diesem Buch haben wir uns bemüht unsere Sprache zu vereinfachen, nicht aber die Begriffe. Die Fragen, um die es hier geht, sind uralte und tiefgründige Fragen der Philosophie und der Theologie. Es sind keine leichten Fragen, und sie sind nicht aus der Welt zu schaffen, indem wir ein paar Worte dazu sagen. Man muss Kindern das Recht einräumen, an großen, vielschichtigen und schwierigen Gedanken herumzukauen. Kinder verdienen eine Begegnung mit Gott, die ihnen klar macht, dass sie dabei ein wirkliches Geheimnis berühren. Kinder verdienen es, einen Gott kennen zu lernen, dessen komplexe und unendliche Eigenschaften sich ihnen nicht im Laufe einer einzigen Gutenachtgeschichte umfassend erschließen können, sondern nur im Laufe eines ganzen Lebens, in dem liebende Reflexion, Gebet und religiös motiviertes Handeln einen Platz haben.

Schließlich hoffen wir, dass dieses Buch auch für Erwachsene hilfreich ist. Die Fragen, die Kinder über Gott stellen, unterscheiden sich, ehrlich gesagt, nur in ihrer Offenheit und Einfachheit von den Fragen, die Erwachsene stellen. Nichts spricht dagegen, dass ein Erwachsener auf die gleiche Weise zu Gott gelangt wie ein Kind.

Wenn Sie nicht an Gott glauben, können Sie trotzdem mit Ihrem Kind ein sinnvolles Gespräch über Gott führen, vorausgesetzt, Sie sind dazu bereit. Wenn Sie von einem atheistischen oder agnostischen Standpunkt ausgehen (wobei Sie es im letzteren Fall natürlich viel leicher haben), möchten wir Sie bitten, Ihrem Kind nicht den Weg zum Glauben abzuschneiden. Erklären Sie ihm, dass Sie zwar daran zweifeln, dass es Gott gibt, dass Gott aber dennoch eine lebendige Kraft im Leben vieler Menschen ist und auch in seinem Leben werden kann. Sie müssen wissen, und Ihre Kinder müssen es ebenso wissen, dass Zweifel an Gott durchaus Bestandteil des Glaubens sein können. Nur wenn wir Gott gegenüber gleichgültig sind und uns nicht für spirituelle Dinge interessieren, stirbt unser Glaube, weil diese Gleichgültigkeit das Feuer der Neugier und der Spiritualität löscht, das uns zum Glauben an Gott führt.

Über diese Ideen und Vorschläge hinaus haben wir nur noch eine einzige Vorstellung, für wen dieses Buch sein soll. Dieses Buch ist für Gott. Jedes wahre Wort darin verdanken wir sicherlich Gottes Hilfe. Jedes falsche Wort verdanken wir zweifellos unserer Dickköpfigkeit, unserer Ungeduld oder unserem Unwissen. Für Ersteres danken wir Gott. Für Letzteres bitten wir um Entschuldigung.

1

Gibt es Gott wirklich? Teil eins – Die Natur

Gott ist gut, freundlich, mächtig, klug und ganz und gar unsichtbar. Gott ist anders als alles andere, und das macht es so schwer, etwas über Gott zu wissen. Von allen anderen Dinge erfahren wir etwas, indem wir sie sehen, hören, schmecken, anfassen oder riechen. Wir sind es gewohnt, Dinge auf diese Weise kennen zu lernen. Aber Gott können wir weder sehen, riechen, hören, schmecken noch anfassen. Das heißt, wir können Gott nicht so kennen lernen, wie wir andere Dinge kennen lernen.

Wir erfahren etwas über Gott, indem wir die Dinge sehen, hören, anfassen, schmecken und riechen, die Gott geschaffen hat. Diese Dinge kann nur Gott geschaffen haben, und daher wissen wir, wenn wir diese Dinge mit unseren Sinnen erfahren, dass es Gott wirklich gibt, auch wenn wir Gott selbst nicht mit Augen, Ohren, Händen, Zunge oder Nase wahrnehmen können.

Etwas, das nur Gott geschaffen haben kann und das uns zeigt, dass es Gott wirklich gibt, ist die Natur. Viele Menschen fühlen sich Gott nahe, wenn sie draußen in der Natur sind, wenn sie durch einen Wald gehen, einen schönen Sonnenuntergang beobachten oder einen hohen Berg oder einen Wasserfall sehen. Menschen, die sich in der Natur Gott nahe fühlen, haben mit ihrem Gefühl ganz Recht. Der Wald und der Sonnenuntergang, der Berg und der Wasserfall sind so großartig und wunderbar, dass nur etwas sehr Großes und Wunderbares sie geschaffen haben kann. Der Wald und der Sonnenuntergang und der Wasserfall sind Dinge, die nur Gott geschaffen haben kann. Sie sind so etwas wie Gottes Fußspuren in der Welt (obwohl Gott natürlich gar keine Füße hat). Die Wunder und die Schönheit der Natur zu betrachten ist ein Weg, zu erkennen, dass es Gott wirklich gibt.

Nun werden aber manche Menschen sagen: »Moment mal! Den Wald hat nicht Gott gemacht. Er entsteht doch aus den vielen Samen, die wachsen und zu Bäumen werden. Auch den Sonnenuntergang hat nicht Gott gemacht. Er entsteht einfach dadurch, dass die untergehende Sonne durch eine Staubschicht hindurchscheint. Auch den Berg hat nicht Gott gemacht. Er entsteht dadurch, dass die Erde eine Menge Gestein auftürmt. Und den Wasserfall hat auch nicht Gott gemacht. Er entsteht dadurch, dass Wasser von einem Felsen herabfällt.« Aber die Menschen, die so etwas sagen, blicken nicht weit genug zurück. Wenn sie fragen würden: »Woher kommen denn die Samen, aus denen der erste Wald wuchs, und der Staub, der den Sonnenuntergang so schön macht, und die Erde, die den Berg bildete, und das Wasser, das zum Wasserfall wurde?«, dann würde die Suche danach, was woraus entstanden ist, sie immer weiter zurückführen. Natürlich wuchsen die Samen, die zum Wald wurden, auf Bäumen, und diese Bäume wuchsen aus Samen von älteren Bäumen, die aus noch älteren Samen wuchsen und so immer weiter zurück, bis man beim ersten Samen ankommt, aus dem der erste Baum wuchs. Und wer hat diesen ersten Samen gemacht? War es ein noch älterer Baum, kommt man noch weiter zurück, bis man bei einem Samen aufhören muss, der irgendwann und irgendwie von Gott gekommen ist.

Gott hat eben doch den Wald gemacht, aber nicht in Gestalt der Bäume, die heute im Wald stehen, sondern in Gestalt des ersten Samens für den allerersten Baum. Von da an wurde die Natur selbst tätig; sie ließ viele neue Samen und neue Bäume wachsen und führte so Gottes Plan aus, Neues aus Altem entstehen zu lassen. Und genauso war es mit dem Sonnenuntergang. Gott schuf den ersten Staub und die erste Sonne. Ebenso war es mit dem Berg. Gott schuf das erste Gestein. Und ebenso mit dem Wasserfall. Gott schuf das erste Wasser, und dann machte die Natur weiter und führte Gottes Plan der Verwandlung von Altem in Neues aus. Nur Gott ist groß und stark und klug genug, um die ersten Dinge zu schaffen, aus denen dann alles Weitere entstand. Das meinen wir, wenn wir sagen, dass Gott die Erde erschaffen hat. Gott pflanzt nicht jeden Wald, aber Gott hat die ersten Samen für den ersten Wald erschaffen, und Gott hat den Plan gemacht, der die Wälder immer weiter wachsen lässt.

Manche Wissenschaftler finden Gott durch ihre wissenschaftliche Arbeit, weil sie sehen, dass nur Gott die Natur und die Dinge in ihr geschaffen haben kann. Albert Einstein, einer der größten Wissenschaftler aller Zeiten, sagte, er ziehe mit seiner Arbeit lediglich die Linien nach, die bei Gott beginnen.

Wissenschaftler wissen, was mit der Materie geschieht, wenn sie erst einmal da ist. Einige von ihnen glauben, dass die gesamte Materie der Welt einmal zu einem dichten, kleinen Klumpen zusammengeballt war, der dann mit einem großen Knall explodierte. Nach diesem Urknall verbanden sich nach Ansicht dieser Wissenschaftler einige Teile der explodierten Materie miteinander und bildeten die Planeten und Sterne und Felsen, die wir im All und um uns auf der Erde sehen. Die Frage ist aber: Wer hat den Klumpen Materie gemacht, der explodierte? Wir glauben, dass nur Gott in seiner Größe, Klugheit und Macht diese Materie erschaffen konnte, die explodierte und aus der alles andere hervorging. Gott ist der Schöpfer der Materie in der Welt, denn Materie entsteht nicht von allein. Jemand muss sie gemacht haben, und dieser Jemand muss sehr mächtig und sehr klug sein. Außerdem kann der Schöpfer der Materie nicht selbst aus ihr bestehen. Wenn das so wäre, könnte man fragen: »Wer hat die Materie geschaffen, aus der der Schöpfer der Materie besteht?« Dann wäre der, der diese Materie geschaffen hätte, der wirkliche Gott. Gott sein heißt alles erschaffen, aber von niemandem erschaffen werden.

Die Natur in all ihrer Vielfalt zu betrachten und zu begreifen, dass nur Gott sie geschaffen haben kann, ist ein Weg der Erkenntnis, dass es Gott wirklich gibt, auch wenn wir Gott nicht sehen, anfassen, hören, schmecken oder riechen können. Denn nur Gott kann die Natur geschaffen haben.

2

Gibt es Gott wirklich? Teil zwei – Unsere innere Stimme

Es gibt noch etwas, das nur Gott geschaffen haben kann und das uns zeigt, dass es Gott wirklich gibt. Wir haben es alle in uns. Manche Menschen nennen es unser Gewissen, andere nennen es die Moral. Wir nennen es unsere innere Stimme. Unsere innere Stimme ist die Stimme, die uns sagt, was wir tun sollen. Sie hilft uns, wenn es um die Wahl zwischen richtigem und falschem Tun geht. Unsere innere Stimme sagt uns, dass wir niemandem wehtun, niemanden betrügen und nicht stehlen sollen.

Menschen sind die einzigen Geschöpfe, die eine innere Stimme haben, eine Stimme, die sie zum richtigen Handeln anleitet. Die Wahl zwischen Richtig und Falsch haben nur Menschen. Tiere tun einfach, was sie wollen. Tiere können nicht zwischen Richtig und Falsch unterscheiden. Das ist der große Unterschied zwischen Menschen und Tieren (dazu kommt natürlich, dass wir keine Schwänze, Hörner und Flossen und keinen Pelz haben!).

Ein Freund von uns hat einen Papagei namens Woody, der ständig Leute beißt. Woody ist deshalb kein böser Vogel, er beißt einfach gerne. Da er ein Vogel ist, kann er nicht verstehen, dass er den Menschen wehtut, wenn er sie beißt, und dass das falsch ist. Man muss ein Mensch sein, um zu begreifen, dass es falsch ist, andere zu beißen. Woher wissen wir das? Nun, unsere Eltern haben es uns beigebracht, und ihre Eltern haben es ihnen beigebracht und so fort.

Aber seit wann gibt es dieses Weitergeben von einem Elternpaar zum nächsten? Seit es Menschen gibt und seit Gott beschlossen hat, dass die Menschen etwas Besonderes und anders als alle anderen Tiere sein sollen. In diesem Augenblick pflanzte uns Gott eine innere Stimme ein, und von diesem Augenblick an konnten wir den Unterschied zwischen Richtig und Falsch erkennen. Von da an und bis zum heutigen Tag sind wir von allen anderen Geschöpfen Gottes verschieden.

Unsere innere Stimme ist ein ganz besonderes Geschenk Gottes. Nur Gott kann sie uns gegeben haben. Ein Tier hätte uns nicht sagen können, was richtig und falsch ist, weil es davon nichts weiß. Früher haben wir einmal mehr wie Affen als wie Menschen ausgesehen, aber Affen können nicht zwischen Richtig und Falsch unterscheiden. Nein, unsere innere Stimme kann nur von Gott kommen. Wenn wir auf sie hören und das Gute tun, das sie uns eingibt, werden wir Gott ähnlicher als den Tieren. Ihr wisst, was passiert, wenn wir nicht auf sie hören. Wir werden dann den Tieren ähnlicher als Gott.

Weil wir aber als besonderes Geschenk Gottes die innere Stimme erhalten haben, müssen wir uns immer wieder entscheiden. Wir müssen jeden Tag zwischen richtigem und falschem Tun wählen. Unsere innere Stimme ist immer da und sagt uns, was richtig ist, aber wir müssen uns dann entscheiden, ob wir auf diese Stimme hören und das Gute tun oder nicht auf sie hören und das Schlechte tun wollen.

Ihr wisst, wann und wie eure innere Stimme zu euch spricht. Stellt euch vor, ihr geht in ein Geschäft und kauft eine Tafel Schokolade, und die Verkäuferin, die euer Geld nimmt, gibt euch zu viel Wechselgeld heraus. Das ist zwar ihr Fehler, aber es ist nicht euer Geld! Wenn ihr merkt, dass ihr zu viel Geld herausbekommen habt, sagt euch eure innere Stimme, wenn sie funktioniert: »Worauf wartest du? Gib das überzählige Geld zurück! Es gehört dir nicht!«

Natürlich können wir beschließen, nicht auf diese Stimme zu hören, das Geld zu behalten und damit noch mehr Süßigkeiten zu kaufen – oder aber wir hören auf die Stimme und geben das Geld zurück. Wir haben die Wahl. Unsere innere Stimme sagt uns, was richtig ist, aber sie kann uns nicht dazu zwingen, dass wir das Richtige auch tun. Gott will, dass wir uns dafür entscheiden, auf unsere innere Stimme zu hören. Später werden wir noch davon sprechen, warum Gott will, dass wir die Wahl haben, und warum Gott uns nicht dazu *zwingt,* auf die innere Stimme zu hören. Im Augenblick genügt es, wenn ihr einfach immer versucht, auf diese Stimme zu hören und daran zu denken, dass sie ein ganz besonderes Geschenk Gottes ist. Sie ist in euch, weil Gott euch liebt und weil Gott will, dass ihr das Richtige tut.

Die Zeitungen berichten manchmal von Menschen, die viel Geld finden und es dem Eigentümer zurückgeben. Diese Menschen hören wirklich auf ihre innere Stimme! Je mehr Geld ihr findet, desto schwerer ist es, auf die Stimme zu hören, aber die Stimme ist immer da und sagt euch, was das Richtige ist. Der Einzige, der groß und gut und klug und stark genug ist, um jedem Menschen eine solche innere Stimme geben zu können, ist Gott.

3

Gibt es Gott wirklich? Teil drei – Die Bibel

Ein weiterer Weg, etwas über Gott zu erfahren, ist, die Bibel zu lesen. Die Bibel ist nicht nur ein Buch, sondern eine ganze Sammlung von Büchern. Und in jedem dieser Bücher werden Geschichten erzählt. Die Bibel, die die Juden lesen, heißt die Hebräische Bibel (oder *tenach*). Die Bibel, die die Christen lesen, enthält Bücher der jüdischen Bibel und dazu noch einige andere Bücher, die unter dem Namen »Neues Testament« zusammengefasst sind. Was uns alle Geschichten der biblischen Bücher auf die eine oder andere Weise lehren, ist, dass es Gott gibt. Auch die Bibel ist ein Weg, auf dem wir erkennen können, dass es Gott wirklich gibt.

Die Geschichten der biblischen Bücher sind anders als andere Geschichten. Wenn wir diese Geschichten lesen, erfahren wir etwas über Gott. Wir lernen, was wir nach Gottes Willen tun sollen. Wir lernen, dass Gott uns liebt. Wenn wir die biblischen Geschichten lesen, erfahren wir etwas über die Menschen, die vor uns gelebt haben. Wir lernen Geschichten kennen, die uns lehren, worauf es im Leben wirklich ankommt. Es gibt viele gute Bücher, aber die Bibel ist mehr als gut, mehr als großartig. Die Bibel ist einer der Wege, auf denen Gott zu den Menschen spricht und auf denen wir erkennen können, dass es Gott gibt.

Manche Menschen sagen, Gott selbst habe die Bibel geschrieben, andere meinen, sie sei von Menschen geschrieben worden, die die Gegenwart Gottes spürten und auf Gott hörten. Ob es nun so oder so war, die Bibel ist jedenfalls für Juden und Christen etwas ganz Besonderes, weil wir aus ihr erfahren, wer Gott ist und was er von uns will.

Warum, glaubt ihr, lesen die Menschen die Bibel lieber als jedes andere Buch? Wir werden es nie müde, biblische Geschichten zu hören. Wir lesen die Bibel, wenn wir zu Gott beten, und wir studieren sie, um etwas aus ihr zu lernen. Kein anderes Buch bietet uns das. Der Grund dafür ist, dass in der Bibel Gottes Wort steht, und je öfter wir in der Bibel lesen, desto näher fühlen wir uns Gott.

Die Bibel lehrt uns, Menschen zu helfen, die arm oder krank sind, die Hunger leiden oder traurig sind, weil jeder Mensch wie Gott etwas Besonderes ist. In der Bibel steht, dass wir nicht stehlen sollen, weil Gott will, dass wir für das, was wir haben, arbeiten. In der Bibel steht, dass wir die Erde sauber halten sollen, weil Gott die Erde geschaffen und unserer Obhut anvertraut hat. Das sind wichtige Dinge und die Bibel lehrt sie uns.

Kein anderes Buch der Welt lehrt, hilft und führt uns wie

die Bücher der Bibel. Deshalb glauben wir, dass die Bibel von Gott zu uns gekommen ist. Die Menschen, die die Bibel lieben, haben zwar unterschiedliche Vorstellungen davon, wie sie von Gott zu uns gekommen ist, aber viele glauben, dass sie in irgendeiner Weise von Gott kommt. Wenn wir die Geschichten in der Bibel lesen, glauben wir, dass wir etwas lesen, was nur Gott geschrieben haben kann oder das nur Gott den Menschen gesagt haben kann, die es aufgeschrieben haben. Wie auch immer, die Bibel ist jedenfalls ein weiteres Zeichen dafür, dass es Gott gibt

Überdenken wir nun die ersten drei Kapitel noch einmal: Die Natur, die innere Stimme und die Bibel sind Wege, auf denen wir erkennen können, dass es Gott gibt. Man kann wissen, dass es Gott gibt, auch wenn man Gott nicht sehen, hören, anfassen oder riechen kann.

Man darf aber nicht vergessen, dass manche Menschen Gott gar nicht suchen, und dass manche Menschen nicht glauben, dass es Gott gibt. Sogar wenn man ihnen sagt, dass die Natur, ihre innere Stimme und die Bibel Dinge sind, die nur Gott erschaffen haben kann, glauben diese Menschen vielleicht immer noch nicht, dass Gott wirklich ist. Was kann man dagegen tun?

Leider nicht viel. Wir haben festgestellt, dass es keine Möglichkeit gibt, Menschen Gott nahe zu bringen, wenn sie das überhaupt nicht wollen. Man kann die Menschen nicht zwingen zu glauben, dass es Gott gibt, wenn sie es nicht wollen. Wie gesagt, Gott ist unsichtbar und anders als alles andere. Menschen, die nicht an das glauben, was sie nicht sehen, anfassen, schmecken oder hören können, glauben vielleicht nie, dass Gott wirklich ist. Dabei gibt es eine Menge unsichtbarer Dinge, die wirklich sind. Gefühle sind unsichtbar, aber sie sind wirklich. Wenn ihr jemanden lieb habt, ist eure Liebe zu diesem Menschen unsichtbar, aber trotzdem wirklich. Dasselbe gilt für Schmerzen, Mut, Geduld und Güte. Viele Dinge sind wirklich und unsichtbar, und auch Gott gehört dazu, aber Gott ist anders als alles andere Unsichtbare und zugleich Wirkliche. Gott ist einmalig. Gott ist nichts und niemandem ähnlich. Und nichts ist wie Gott.

Man kann Menschen, die nichts von Gott hören wollen, also vielleicht nichts über Gott beibringen, aber das ist nicht weiter schlimm. Die Menschen ändern sich, und Gott ist immer bereit, sie zu lieben.

Wenn man einen Menschen davon überzeugen will, dass es Gott gibt, ist das manchmal so, als wolle man jemanden dazu bringen, Harfe spielen zu lernen. Wenn der Betreffende eine Harfe für ein doofes Instrument hält, das langweilige Musik macht, dann könnt ihr reden, so viel ihr wollt, ihr werdet gar nichts bewirken. Gott finden wollen und Kazoo spielen wollen haben viel miteinander gemeinsam. Entweder man will oder man will nicht.

Dieses Buch ist für Leute, die wollen!

4

Wo wohnt Gott?

Gott wohnt nicht überall. Gott könnte überall wohnen, aber aus einem sehr guten Grund hat sich Gott dafür entschieden, nur fast überall zu wohnen.

Es verhält sich nämlich so: Gott ist überall in der Welt *anwesend*, aber Gott *wohnt* nur in den Menschen, die Gott in sich wohnen lassen. Die Welt kann sich nicht dafür entscheiden, Gott auszuschließen, aber die Menschen können die Wahl treffen Gott auszusperren. Deshalb ist Gott überall in der Welt anwesend, wohnt aber nur in den Menschen, die Gott bei sich aufnehmen.

Was meinen wir, wenn wir sagen, dass Gott überall in der Welt anwesend ist? Wenn wir eine Hand voll Schmutz aufheben und ganz genau hinschauen, können wir dann zwischen den welken Blättern und dem Kaugummipapier Gott entdecken? Natürlich nicht! Gott ist in derselben Weise in der Welt anwesend, wie ein Uhrmacher in seiner Uhr oder ein Töpfer in seinem Ton zu finden ist.

Wenn wir eine Uhr betrachten, sehen wir in ihr sozusagen den Uhrmacher. Die Uhr lehrt uns etwas über den Uhrmacher. Wenn die Uhr genau geht und schön ist, sagen wir, dass sie von einem guten Uhrmacher stammt. Und bei einem Tongefäß ist es ebenso. Wenn wir das Gefäß sehen oder in der Hand halten, erfahren wir etwas über den Töpfer. Und auf diese Art und Weise ist der Töpfer in seinem Werk zu finden. Er zeigt sich nicht *im* Gefäß, sondern *durch* das Gefäß – durch seine Form und die Art, wie es gemacht ist. Wenn das Gefäß nicht rinnt, wenn es schön ist und die passende Form für die Dinge hat, die es aufnehmen soll, sagen wir, dass es von einem guten Töpfer stammt.

Auf ganz ähnliche Art, wie der Uhrmacher in seiner Uhr und der Töpfer in seinem Gefäß zu finden sind, ist Gott in der Welt anwesend. Gott hat die Welt erschaffen und den Plan gemacht, der sie in Gang hält. Wenn wir die Welt betrachten und uns ansehen, wie alles in ihr abläuft, dann lernen wir auch etwas über Gott. Gott hat die Welt so schön gemacht und ihr einen so großartigen Plan gegeben, der alles in geordneten Bahnen weiterlaufen lässt, dass wir sagen, Gott sei ein großer Weltenschöpfer. Das ist die Art und Weise, in der Gott in der Welt anwesend ist.

Die Welt ist wie die Uhr oder das Gefäß Gottes. Wenn wir sehen, wie die Planeten ihre Bahn ziehen ohne zusammenzustoßen, sehen, wie die Bienen die richtigen Blumen finden, sehen, dass die Materie auf der Erde die gleiche ist wie überall sonst auch, sehen, wie die Wellen ans Ufer schwappen, sehen, wie die Pflanzen wachsen und die Tiere geboren werden, sehen, wie die Sonne untergeht und wieder aufgeht, sehen, wie die Sterne am Abendhimmel erscheinen, sehen, dass alles so abläuft, wie es soll, dann können wir erkennen, dass Gott ein wunderbarer Uhrmacher und ein gewaltiger Töpfer ist. Wir spüren, dass Gott in allem Lebendigen in der Welt lebt, und sehen, dass Gottes Plan an allen Ecken und Enden lenkt, was geschieht. Das meinen wir, wenn wir sagen, dass Gott überall und immer in der Welt anwesend ist.

Die Menschen leben auf der Welt, aber sie unterscheiden sich von allem anderen auf der Welt. Alles andere läuft stets und ständig nach Gottes Plan ab. Die Planeten können sich nicht entscheiden, nicht mehr im All zu kreisen. Die Bienen können nicht beschließen, nicht mehr nach Blumen zu suchen. Die Wellen können nicht beschließen, nicht mehr ans Ufer zu rollen. Aber bei den Menschen ist das anders. Gott hat uns anders erschaffen. Wir können entscheiden, ob wir uns nach Gottes Plan für unser Leben richten wollen oder nicht. In einem späteren Kapitel werden wir darüber sprechen, warum Gott uns so erschaffen hat; im Augenblick müssen wir nur festhalten, dass Menschen sich von allem anderen auf der Welt unterscheiden. Wir können den Entschluss fassen, Gott aus unserem Leben auszuschließen.

Gott will in uns allen wohnen, und tatsächlich wohnt Gott auch in uns allen (erinnert euch an die innere Stimme, von der wir gesprochen haben!). Wenn wir uns nach Gottes Plan für unser Leben richten, der vorsieht, dass wir gut, freundlich und anständig sind und dass wir anderen Menschen und den Tieren helfen, dann wohnt Gott stets in uns. Aber wenn wir Böses tun, die Menschen verletzen und die Welt in Unordnung bringen, heißt das, dass wir Gott aus unserem Leben vertreiben. Wenn wir Böses tun, sagen wir damit zu Gott: »Ich will nicht, dass du in mir wohnst!« Das ist sehr traurig. Aber Gott hofft immer darauf, dass wir seinem Plan folgen. Wenn wir nicht gerade sehr böse sind, ist Gott immer in uns, spricht durch unsere innere Stimme zu uns und hilft uns, das Rechte zu tun. Aber wir haben immer die Wahl. Menschen sind nicht wie Uhren. Wenn eine Uhr richtig gemacht wurde, geht sie auch richtig. Wir sind richtig gemacht worden, aber wir können uns dafür entscheiden, den falschen Weg zu gehen. Weil Menschen sich von allem anderen auf der Welt unterscheiden, kann Gott nur in uns wohnen, wenn wir Gott einlassen. Und wir lassen Gott ein, wenn wir gut sind. Je besser wir leben, je freundlicher wir sind und je mehr Gutes wir anderen Menschen tun, desto mehr ist Gott in uns. Das meinen wir, wenn wir sagen, dass Gott überall in der Natur anwesend ist, aber nur in den Menschen wohnt, die ihn dazu einladen.

In welchem Teil unseres Körpers wohnt Gott? Gott wohnt nicht in einem bestimmten Körperteil! Gott wohnt nicht in unserer Nase oder zwischen unseren Zehen, in unserem Kopf oder unter unserer Haut. Gott wohnt in einem Teil von uns, den wir Seele nennen. In unsere Seele lassen wir Gott ein, in ihr spüren wir die Anwesenheit Gottes, und aus ihr kommt die innere Stimme, die uns den richtigen Weg weist.

Alle Menschen haben eine Seele, aber manche finden es schwierig, sie zu spüren. Wenn man Böses tut, ist es schwer, die Seele zu spüren. Es ist so ähnlich, als wenn ihr in die Kälte hinaus geht und lange Zeit draußen bleibt. Nach einer Weile werden eure Zehenspitzen und eure Fingerspitzen so kalt, dass ihr sie kaum noch spüren könnt. Ihr wisst, dass sie da sind, aber wenn ihr richtig eiskalt werdet, fühlt ihr sie nicht mehr. Böse Taten machen mit eurer Seele so etwas Ähnliches wie die Kälte mit euren Zehen. Sie führen dazu, dass ihr eure Seele kaum noch spüren könnt. Aber keine Sorge! Wenn ihr Gutes tut, spürt ihr eure Seele augenblicklich. Erinnert euch nur einmal daran, wie ihr euch gefühlt habt, als ihr das letzte Mal jemandem etwas ganz Liebes getan habt. Ihr habt euch innerlich gut gefühlt. Und die Stelle, an der ihr euch gut gefühlt habt, war die Seele. Ihr spürt sie jedes Mal, wenn ihr das Richtige tut.

Wenn ihr eure Seele in letzter Zeit nicht gespürt habt, dann heißt das vielleicht, dass ihr anderen Menschen nicht genug Gutes getan habt. Wenn ihr die Menschen lieb habt und ihnen helft, wenn ihr euch bemüht, die Welt in Ordnung zu bringen, wird eure Seele sofort warm, und ihr könnt auf der Stelle spüren, dass Gott in euch wohnt. Dieses Gefühl ist so herrlich, dass ihr es am liebsten immer haben wollt, wenn ihr es erst einmal kennen gelernt habt. Und das könnt ihr sogar!

Der Teil von uns, den wir Seele nennen, stirbt nicht, wenn wir sterben. Davon werden wir später in dem Kapitel über den Hamster Elmo noch ausführlicher sprechen.

Unsere Seele wohnt in unserem Körper, solange wir leben. Wenn wir sterben, lebt unsere Seele bei Gott weiter. Das ist die Abmachung, die Gott mit uns getroffen hat. Solange wir leben und uns bemühen Gutes zu tun, wohnt Gott in uns. Aber wenn wir sterben, leben wir in Gott weiter. Und das ist eine sehr gute Abmachung.

5

Wie sieht Gott aus?

Nach Gott Ausschau zu halten ist leicht. Gott zu sehen ist unmöglich.

Wir haben schon erfahren, dass Gott überall in der Welt anwesend ist und in den Menschen wohnt, die Gott in sich einlassen. Rings um uns her sehen wir Dinge, die nur Gott erschaffen haben kann. Aber Gott selbst können wir nirgendwo erblicken, und zwar aus einem einzigen und einfachen Grund: Gott ist unsichtbar. Wir können Gott nicht sehen, weil Gott kein Ding ist und keine Form hat. Es ist ganz einfach. Wir können nur Dinge sehen, die eine Grenze haben, und Gott hat keine Grenze.

Alles, was wir sehen, hat eine Grenze. Menschen und Vögel und Hunde und Schiffe und Bäume haben alle eine Grenze, daher können wir genau sehen, wo sie anfangen und wo sie aufhören. Aber Gott hört nirgendwo auf. Gott lebt überall in der Natur und in den Menschen, die ihn hereinlassen. Wenn man überall wohnt, hat man keine Grenze, weil überall grenzenlos ist. Es ist wirklich ganz einfach. Gott ist überall, also kann Gott keine Grenzen haben, die einen Bereich, in dem Gott ist, von einem Bereich trennen, in dem Gott nicht ist. Wenn man Gott sehen könnte, wäre Gott wahrscheinlich so riesig, dass Gott die Aussicht auf alles andere verstellen würde. Bei Licht besehen können wir also von Glück reden, dass Gott keine Grenzen hat.

Vielen Menschen missfällt es, dass Gott unsichtbar ist. Sie wollen Gott auch anschauen können, nicht immer nur nach ihm Ausschau halten. Manche meinen, wenn Gott unsichtbar sei, gebe es ihn vielleicht gar nicht. Aber wir wissen, dass es Gott wirklich gibt. Wie wir schon gesagt haben, gibt es vieles (wie die Liebe), was unsichtbar, aber wirklich ist. Wir müssen uns einfach an den Gedanken gewöhnen, dass Gott in den Bereich des Unsichtbaren fällt, das wir nicht anschauen, sondern nach dem wir nur Ausschau halten können.

Nach Gott Ausschau halten, Gott suchen ist etwas anderes als Gott anschauen. Gott suchen heißt versuchen, sich ihm nahe zu fühlen. Gott suchen heißt Dinge tun, die Gott sich von uns wünscht. Gott suchen heißt Gott um Hilfe bitten, wenn wir Hilfe brauchen und uns schwach fühlen. Gott suchen ist leicht, weil Gott immer auf uns wartet. Gott anschauen ist unmöglich, weil Gott unsichtbar ist.

Warum möchten die Menschen Gott sehen können? Vielleicht aus Liebe. Die Menschen möchten gern sehen, was sie lieben, und sie lieben Gott. Ihr müsst wissen, dass wir einem Blick auf Gott am nächsten kommen, wenn wir einander anschauen. In der Bibel heißt es, dass wir alle als »Abbild Gottes« erschaffen wurden. Da Gott keine Person ist, wissen wir, dass »als Abbild Gottes« nicht bedeuten kann, weil wir eine große Zehe haben, hätte auch Gott eine große Zehe. Als Abbild Gottes erschaffen sein heißt, dass Gott jeden Einzelnen von uns einzigartig gemacht hat, einmalig wie Gott selbst. Wir sind Gott so nahe wie alles Lebendige und sogar noch näher!

Was uns einzigartig macht, ist unsere Seele, in der Gott wohnt. Sie macht uns einmalig wie Gott, und jeder Mensch, ganz gleich, welche Hautfarbe er hat, wie groß und wie alt er ist, hat eine Seele und ist einmalig wie Gott. Und kein Mensch ist einmaliger als ein anderer.

Es ist wunderbar und wirklich erstaunlich, dass Gott einen jeden von uns in derselben Weise einmalig gemacht hat, denn schließlich sehen wir doch alle verschieden aus. Das Bild von Abraham Lincoln ist auf jedem amerikanischen Penny zu sehen, und jeder Penny sieht genauso aus wie der andere. Jeder Mensch ist nach dem Abbild Gottes erschaffen, aber deshalb sehen doch nicht alle Menschen gleich aus. Ist das nicht umwerfend? Es gehört zum Schönsten, was Gott je gemacht hat. Auf diese Weise kann niemand sagen, ein Mensch sei etwas ganz Besonderes und ein anderer nicht. Alle sind auf genau dieselbe Weise einmalig wie Gott. Keiner mehr und keiner weniger. Auch wenn es verschiedene Hautfarben gibt, wenn sich die Form unserer Augen unterscheidet und manche Menschen glattes, manche gelocktes Haar haben, sind alle ebenso einmalig wie Gott. Auch wenn manche sehen können und andere nicht, manche hören können und andere nicht, manche rennen können und andere nicht, sind doch alle auf genau dieselbe Weise einmalig wie Gott.

Wenn ihr also jemanden auf der Straße gehen seht, solltet ihr denken: »Da geht ein einmaliger Mensch die Straße entlang.« Wenn ihr das denkt, wird es euch unmöglich sein, diesen Menschen zu verletzen, zu betrügen oder ihn zu kränken, weil er einmalig ist wie Gott. Wir alle sind etwas Besonderes, und das ist der Hauptgrund dafür, dass wir freundlich miteinander umgehen, einander achten und nicht verletzen sollen. Wir erweisen damit nämlich Gott Respekt. Wir zeigen Gott damit, dass wir von Gottes Liebe zu allen Menschen wissen.

Übrigens ist Gott kein Mann. Viele Kinder denken anfangs, dass Gott ein alter Mann mit einem langen weißen Bart ist, der über den Wolken wohnt und alles sieht, was wir tun. Diese Vorstellung von Gott ist falsch, weil Gott, wie wir ja schon wissen, unsichtbar ist und keine Grenzen hat. Falsch ist sie außerdem auch, weil sie die Mädchen auf den Gedanken bringen kann, dass Gott Jungen lieber hat als Mädchen, und das stimmt nicht. Gott ist also kein Mann. Behaltet das gut! Gott ist auch keine Frau. Und selbstverständlich ist Gott auch kein Ding!

Wie nennen wir also Gott, wenn wir zu Gott beten, über Gott schreiben oder über Gott nachdenken? Wir glauben, dass es falsch ist, von Gott als *er* zu sprechen, wenn wir über Gott reden oder nachdenken, oder zu sagen, wir beten zu *ihm*, wenn wir zu Gott beten, weil Gott kein Mann ist. Es ist auch falsch, von Gott als *sie* zu sprechen, weil Gott auch keine Frau ist. Gott ist überhaupt keine Person und hat weder Farbe noch Form. Und erst recht können wir Gott nicht als *es* bezeichnen, weil Gott kein Ding ist. Gott ist nicht wie ein Toaster. Wenn ihr deutsch sprecht, benützt ihr die Wörter *er, sie* und *es* sehr häufig, daher ist es ganz leicht, in den Menschen falsche Vorstellungen von Gott zu wecken. Wenn wir in diesem Buch von Gott sprechen, dann benutzen wir stets das Wort »Gott«. Wir wissen, dass sich daraus manchmal ziemlich komische Sätze ergeben, wie etwa: »Gott sagte, dass Gott wolle, dass gottesfürchtige Menschen, die Gott lieb hat, Gottes Werke vollbringen.« Wenn ihr so einen Satz im Deutschunterricht schreibt, streicht ihn euer Lehrer dick rot an, aber in diesem Buch bleibt uns einfach nichts anderes übrig. *Er, sie* und *es* können wir nicht gebrauchen.

Also noch einmal: Es ist leicht, nach Gott Ausschau zu halten, aber Gott anzuschauen ist unmöglich.

Wenn wir Gott in unserem Leben durch etwas anderes ersetzen, nennt man dieses andere einen Götzen. Etwas zum Götzen machen ist nicht gut, weil Götzen uns davon abhalten, Gott zu finden. In alten Zeiten machten sich die Menschen Götzenbilder aus Holz oder Stein und beteten zu ihnen anstatt zu Gott. Heute machen die Menschen noch immer Dinge zu Götzen, aber meistens sind es keine Bilder aus Holz oder Stein. Manche machen Geld zu ihrem Götzen. Sie »beten« Geld »an«. Sie tun alles, um zu Geld zu kommen, und Geld ist das Einzige, das ihnen am Herzen liegt. Geld ist in ihrem Leben an die Stelle Gottes getreten. Sie haben Geld zu ihrem Götzen gemacht. Nehmt euch also in Acht. Götzen hindern euch daran, Gott zu finden. Sie nehmen Gottes Platz in eurem Leben ein, und nichts und niemand sollte Gottes Platz in eurem Leben einnehmen! Nichts und niemand!

6

Wirkt Gott Wunder?

Wunder sind unheimlich und unheimliche Dinge sind immer schwer zu erklären. Wunder geschehen, wenn Gott in den Lauf der Natur eingreift, um Menschen zu helfen. In der Bibel gibt es Wundergeschichten in Hülle und Fülle. Fast jeder hat schon einmal davon gehört, wie sich das Rote Meer teilte, so dass die Israeliten trockenen Fußes zwischen den Wassern hindurchziehen konnten, aber es gibt in der Bibel noch viel mehr Wunder. Stäbe verwandeln sich in Schlangen, Wasser verwandelt sich in Blut, es regnet Frösche, die Sonne beibt am Himmel stehen, Blinde sehen wieder, Taube hören wieder, Lahme können wieder gehen und vieles mehr.

Wunder verunsichern viele Menschen, weil sie nicht verstehen, wie solche Dinge geschehen können. Manche, die nicht glauben, dass es Gott gibt (und sogar manche, die es glauben), tun sich schwer mit Gott, solange sie sich die

Wunder nicht erklären können. Wissenschaftler behaupten, dass es keine Wunder gibt. Deswegen glauben viele, wenn man Gott und die Bibel liebe, müsse man gegen die Wissenschaft sein, und umgekehrt müsse man, wenn man an die Wissenschaft glaubt, gegen Gott und die Bibel sein.

Wir meinen, dass man bei Wundern zwei Möglichkeiten hat: Man kann glauben, dass Wunder unheimlich sind, aber tatsächlich geschehen können, oder man kann glauben, dass Wunder unheimlich sind und dass es sie gar nicht gibt. Aber ganz gleich, wie ihr über Wunder denkt, ihr könnt Gott auf alle Fälle lieben und finden und trotzdem alles lernen, was die Wissenschaft zu bieten hat.

Die eine Möglichkeit ist also, dass ihr Wunder unheimlich findet, aber glaubt, dass sie trotzdem geschehen können. Gott ist in jedem Fall stark und klug genug, um sie zu tun. Gott hat den Plan für die Welt gemacht, und wenn Gott diesen Plan ab und zu ändern wollte, um Menschen zu helfen, könnte Gott das auch. Aber *nur* Gott könnte das. Vielleicht sind die Wunder, von denen wir in der Bibel lesen, genau so geschehen, wie sie erzählt werden. Womöglich sind wir einfach nicht findig genug, um uns vorstellen zu können, warum, wann oder wie Gott beschließt, ein Wunder zu tun.

Wunder sind nicht die einzigen Taten Gottes, die wir nicht verstehen. Wir begreifen auch das Weltall nicht vollständig. Wir wissen nicht, wie das Leben begonnen hat. Wir verstehen nicht, warum Menschen sich verlieben. Es gibt unzählige Dinge, die Tatsachen sind, die wir aber nicht verstehen. Auch Wunder könnten dazu gehören. Vergessen wir nicht, dass wir bei weitem nicht so klug sind wie Gott. Vielleicht wirkt Gott Wunder, um uns zu zeigen, dass wir nie vollständig herausfinden werden, wie die Welt beschaffen ist. Oder wie Gott wirkt. Es ist in Ordnung, nicht alles zu verstehen, was Gott tut. Es ist erstaunlich, dass wir überhaupt schon so viel entdeckt haben, aber es gibt vieles, das wir nicht wissen und auch nicht wissen können. Die Hauptsache ist, dass Gott klug genug und stark genug ist, um Wunder wirken zu können, wenn es Gott gefällt, und die Tatsache, dass wir nicht verstehen, warum und wie, hat dabei nicht viel zu sagen. Das ist also die eine Möglichkeit, mit Wundern umzugehen: Man kann glauben, dass sie unheimlich sind, aber tatsächlich geschehen können.

Alls zweite Möglichkeit kann man glauben, dass Wunder nicht nur unheimlich sind, sondern dass es sie gar nicht gibt. Vielleicht hat Gott in Wirklichkeit gar nie Wunder gewirkt, sondern die Menschen haben sie erfunden, um Gott noch größer erscheinen zu lassen. Vielleicht ist etwas Wunderbares geschehen, und als die Geschichtenerzähler davon berichteten, wurde ein Wunder daraus, obwohl gar nichts geschehen war, das gegen die Naturgesetze verstieß. Was tatsächlich geschah, könnte etwas so Außergewöhnliches gewesen sein und in einem so günstigen Augenblick passiert sein, dass die Menschen, die davon erzählten, noch ein bisschen etwas dazuerfanden, um es noch außergewöhnlicher erscheinen zu lassen. Es ist doch auch bei uns gar nicht so selten, dass wir Dinge anders in Erinnerung haben, als sie wirklich waren. Golfspielern passiert das oft. Und Seeleuten.

Nehmen wir einmal das große Wunder von der Teilung

des Roten Meeres. Möglicherweise hat sich Folgendes abgespielt: Die Kinder Israels flohen aus Ägypten, genau, wie es in der Bibel steht, aber sie entkamen durch ein feuchtes Sumpfgebiet. Sie sanken nicht ein, weil sie alle zu Fuß gingen. Als der Pharao ihre Spur entdeckte und sie mit seinen schweren, von Pferden gezogenen Streitwagen verfolgte, blieben Wagen und Pferde im Sumpf stecken, weil sie viel schwerer waren als die Menschen, die zu Fuß unterwegs waren.

Vielleicht wurde erst in den vielen Jahren, die man sich an den Lagerfeuern von diesem Ereignis erzählte, aus der Durchquerung des Sumpfes die Geschichte von der Spaltung des Roten Meeres, bei der Gott das Wasser mittendurch teilte, so dass rechts und links eine hohe Mauer aus Wasser entstand. Gott wollte vielleicht gar nicht, dass die Menschen die Geschichte vom Sumpf zu einem Wunder aufblasen, aber es kann sein, dass sie es trotzdem taten, um die Geschichte eindrucksvoller zu machen und Gott noch mächtiger erscheinen zu lassen. Vielleicht.

Wir selbst glauben, dass Wunder tatsächlich geschehen, und wir glauben auch, dass das eigentlich Wichtige an Wundern nicht ist, wie sie zustande kommen, sondern was sie bedeuten. Wunder bedeuten, dass Gott uns liebt und uns nicht im Stich lässt. Die Wundererzählungen lehren uns, dass Gott uns manchmal, aus Gründen, die wir nicht verstehen, aus der Patsche hilft. Aber Wunder lehren uns auch, nicht einfach wie Mehlsäcke dazusitzen und darauf zu warten, dass Gott ein Wunder für uns wirkt. Wir müssen alles tun, was in unseren Kräften steht, um uns selbst und anderen wieder aus den Sümpfen herauszuhelfen, in die wir hineinstolpern. Gott will, dass wir das tun, und wenn sich dann eines Tages das Rote Meer wieder teilt, sind wir vielleicht nicht mehr ganz so überrascht.

Und noch etwas möchten wir zum Thema Wunder sagen: Vielleicht sollten wir nach kleineren Wundern Ausschau halten. Denn ist es nicht ein Wunder, wenn jemand plötzlich wieder gesund wird, bei dem man es nicht mehr erwartet hätte, ein Wunder, wenn jemand in einen schweren Autounfall verwickelt wird und völlig unverletzt aussteigt, ein Wunder, wenn ein großer Stein haarscharf an eurem Auto vorbeifällt, ein Wunder, wenn Menschen lange in Glück und Frieden zusammenleben, ein Wunder, wenn ihr morgens aufwacht und kerngesund seid, ein Wunder, wenn die Bienen die richtigen Blumen finden und die Vögel einen Platz für ihre Nester, ein Wunder, wenn Menschen, die sich hassten, einander lieb gewinnen und aller Hass verschwindet?

Vielleicht sind wir die ganze Zeit von Wundern umgeben. Das wäre dann tatsächlich unheimlich! Wenn wir nicht mehr darauf warten, dass sich das Rote Meer teilt oder dass es Frösche regnet, sehen wir vielleicht endlich all die unglaublichen und großartigen Wunder, die Gott jeden Tag rings um uns her tut. Vielleicht.

7

Ist mein Hamster Elmo in den Himmel gekommen, als er starb?

Wenn man über den Himmel nachdenkt, ist das so ähnlich, als hätte man ein Puzzle vor sich, von dem einige Teile fehlen. Das Puzzle ist die Frage, in welcher Weise uns Gott liebt. Wir wissen, wie Gott uns seine Liebe zeigt, solange wir leben: Gott gibt uns etwas zu essen und Menschen zum Liebhaben und die Fähigkeit, gute Taten zu vollbringen. Aber ehe wir sterben, wissen wir nicht und können auch nicht wissen, wie Gottes Liebe aussieht, nachdem wir gestorben sind. Und wenn wir tot sind, können wir nicht mehr zu Hause anrufen. Was nach unserem Tod geschieht, ist ein Teil des Puzzles, das uns fehlt, solange wir leben.

Wenn ihr ein Puzzle zusammensetzt und habt schon eine Menge Teile an ihrem Platz, dann könnt ihr euch schon ein ganz gutes Bild davon machen, wie das Puzzle aussieht, wenn einmal alle Teile an der richtigen Stelle liegen. Der Himmel passt gut in das Bild von Gottes Liebe zu uns. Er passt ausgezeichnet.

Wir wissen, dass Gott das mächtigste, gütigste, liebevollste und klügste Wesen im ganzen Universum ist. Wir wissen auch, dass wir nach dem Abbild Gottes geschaffen wurden, was bedeutet, dass wir alle einmalig wie Gott sind. Wir wissen außerdem, dass der Teil von uns, in dem wir spüren, dass wir einmalig wie Gott sind, Seele heißt.

Unsere Seele ist eine Art Geschenk von Gott. Ein Geschenk, das uns fühlen hilft, dass wir einmalig wie Gott sind. Vielleicht könnt ihr euch die Seele als einen Luftballon vorstellen, der hoch oben in der Luft schwebt und mit einer Schnur an unserem Handgelenk festgebunden ist. Solange wir leben, begleitet uns dieser Luftballon auf Schritt und Tritt und zeigt jedem, dass die Person, die den Luftballon hält, einmalig wie Gott ist. Der Luftballon bleibt unser ganzes Leben lang an unserem Handgelenk festgebunden. Ob wir die Straße entlanggehen oder zu Hause sitzen, der Ballon ist da. Ob wir aufwachen oder uns schlafen legen, der Ballon ist dabei. Der Ballon verliert nie Luft und die Schnur reißt nie.

Eines Tages, wenn Gott beschließt, dass es für unseren Leib Zeit ist zu sterben, stirbt unser Leib. Das ist dann, als würde die Schnur des Luftballons reißen. Wenn unser Leib stirbt, kehrt unsere Seele zu Gott zurück, um in einer neuen Weise weiterzuleben. Und wenn der Ballon losgelassen wird, steigt er immer höher und höher hinauf. Der Luftballon ist unsere Seele, und der Ort, an den der Ballon fliegt, heißt Himmel. Das heißt, bei den Christen heißt er

»Himmel«. Bei den Juden heißt derselbe Ort »die kommende Welt«. Wenn wir sterben, stirbt nur unser Leib. Unsere Seele stirbt nicht, sie kehrt einfach zu Gott zurück.

Gott stirbt nicht, und unsere Seele ist der Teil von uns, der wie Gott ist, also stirbt unsere Seele auch nicht. Aber sie muss den Leib verlassen, denn der Leib ist sterblich und wird mit der Zeit wieder zu Erde. Daher muss die Seele, die nicht stirbt, irgendwohin gehen können, wo sie leben kann, und obwohl wir vor unserem Tod nicht wissen, wo dieses Irgendwo ist, haben wir guten Grund zu glauben, dass es bei Gott ist. Der Himmel oder die kommende Welt ist das fehlende Teil des Puzzles, das genau zu der Frage passt, in welcher Weise uns Gott liebt, und das das Bild unseres Lebens gut abrunden würde.

Ein so liebender, so kluger und mächtiger Gott wie unser Gott würde unsere Seelen nicht einfach ziellos umherstreifen lassen. Nach unserem Tod möchte Gott unsere Liebe lebendig erhalten und unsere Seelen nach Hause holen. Der Leib ist das alte Zuhause der Seele und der Himmel oder die kommende Welt ist ihr neues Zuhause. Wie wir schon sagten, lebt Gott, solange wir leben, in uns, und wenn wir sterben, leben wir in Gott. Das passt ins Puzzle, selbst wenn wir dieses Teil nicht an seine Stelle legen können, ehe unser Leib stirbt und unsere Seele in den Himmel kommt. Der Himmel ist das fehlende Teil in dem Puzzle, in welcher Weise Gott uns in Ewigkeit liebt.

Aber obwohl der Himmel ins Puzzle passt, wissen wir nicht und können wir nicht wissen, wie das Puzzleteil namens Himmel eigentlich aussieht. Die meisten Menschen meinen, der Himmel sei der Wohnort Gottes. Wir wissen, dass Gott überall in der Natur anwesend ist und überall dort wohnt, wo wir ihn einlassen; aber die Vorstellung, dass der Himmel der Wohnort Gottes ist, spukt in den Köpfen vieler Leute herum. Sie stellen sich den Himmel genauso vor wie schöne Plätze auf der Erde, nur dass dort oben das Wetter besser ist und dass es hier unten keine Engel gibt.

Vielleicht ist der Himmel so, aber vielleicht auch nicht. Wir müssen gut aufpassen, dass wir nichts behaupten, was wir nicht sicher wissen. Wir können mit Gewissheit über Gott reden, weil wir Dinge sehen, die nur Gott geschaffen haben kann, so dass wir wissen, dass es Gott wirklich gibt. Aber der Himmel ist zwangsläufig ein fehlendes Teil im Puzzle, weil wir noch leben. Manches können wir nur wissen, wenn wir leben, aber es gibt auch manches, das wir erst wissen können, wenn wir sterben. Der Himmel gehört zu den Dingen, über die wir erst etwas erfahren können, wenn wir sterben.

Wir wissen auch nicht, wie sich unsere Seele fühlt, wenn sie beim Sterben unseren Leib verlässt. Kann sie noch etwas sehen oder fühlen oder berühren oder schmecken? Wir wissen es nicht genau, aber wir glauben es. Eure Seele ist der Teil von euch, der euch einmalig macht, der spürt, was das richtige Handeln ist, und euch sagt, was ihr tun sollt, daher spürt die Seele diese Dinge wahrscheinlich auch noch, wenn sie euren Leib verlässt. Gott liebt uns in so besonderer Weise, ohne Ende, dass Gottes Liebe zu uns nicht stirbt, wenn unser Leib stirbt, und dass mit unserer Seele etwas Wunderbares, Neues und Erstaunliches geschieht.

Es weiß auch niemand sicher, wer in den Himmel oder in die kommende Welt kommt und wer nicht. Manche Menschen glauben, dass alle hineinkommen. Andere glauben, dass nur gute Menschen hineinkommen. Eines ist sicher: Wenn ihr Gutes nur deshalb tut, damit ihr in den Himmel kommt, und nicht einfach, weil es das Gute ist, dann habt ihr eine ganz falsche Vorstellung vom Himmel. Der Himmel ist kein Köder, der euch zu guten Taten verlocken soll, wie euch vielleicht eure Eltern mit Geld locken, damit ihr ihnen das Auto wascht. Der Himmel ist ein Ort, an den unsere Seele zu Gott heimkehrt, wenn unser Leib gestorben ist.

Es weiß auch niemand, ob es im Himmel Tiere gibt. Niemand weiß genau, ob Tiere eine Seele haben. Ein Tier hat mit Sicherheit keine Seele, die genau wie unsere ist, weil es nicht zwischen Gut und Böse unterscheiden kann. Aber die Tiere sind von Gott erschaffen und werden von Gott auch in besonderer Weise geliebt. Ist Gottes Liebe zu ihnen so groß, dass er sie in den Himmel holt? Wir glauben, dass Gott auch die Tiere genügend liebt, um ihnen dieses große Geschenk zu machen. Wenn wir Recht haben, seht ihr vielleicht die Seele eures Hamsters Elmo wieder, wenn eure Seele in den Himmel oder in die kommende Welt kommt. Womöglich trefft ihr auch die Seelen der Goldfische wieder, die ihr die Toilette hinuntergespült habt, stellt euch also darauf ein! Wenn Hamster Seelen haben, und wenn Seelen Bewegung brauchen, dann läuft Elmo vielleicht auch im Himmel in seinem Hamsterrad weiter. Und wenn Elmo dort ist, ist eines sicher: Einen Käfig braucht er nicht mehr, denn wenn Elmo in den Himmel kommt, hat er keine Lust wegzulaufen.

8

Weiß Gott, was ich denke oder was ich tun werde?

Stellt euch vor, ihr seid in jemanden verliebt, der nicht einmal weiß, dass es euch gibt. Ihr wünscht euch sehnlich, dass der oder die Betreffende euch liebt, aber ganz gleich, was ihr sagt oder macht, es tut sich einfach nichts. Angenommen, eines Abends erscheint eine gute Fee in eurem Zimmer und bietet euch eine Flasche mit einem zauberkräftigen Liebestrank an. Ihr müsst nur noch dafür sorgen, dass die geliebte Person den Liebestrank auch trinkt, dann wird sie euch auf immer und ewig lieben. Am nächsten Tag trefft ihr diese Person beim Mittagessen und habt Gelegenheit, ihr den Zaubertrank in den Orangensaft zu schütten. Ihr greift in die Tasche und holt die Flasche heraus, zieht den Korken ab und fragt euch dann plötzlich: »Will ich wirklich, dass dieser Mensch mich nur aufgrund eines Liebestrankes liebt?« Ihr erkennt, dass der oder die Betreffende euch dann nicht aus freiem Entschluss heraus liebt.

Und diese Erkenntnis ist entscheidend. Wenn ihr einen Funken Klugheit besitzt, werdet ihr versuchen, der guten Fee beim nächsten Besuch in eurem Zimmer ihren Zaubertrank zurückzugeben.

Wenn Gott wollte, könnte Gott jedem Menschen einen Zaubertrank verabreichen – das Wissen und die Macht dazu hätte Gott –, so dass ein jeder von uns jeden Tag und in jeder Weise Gottes Willen pünktlich erfüllen würde. Aber wenn Gott das täte, würden wir nicht aus einer eigenen, freien Entscheidung heraus handeln. Und obwohl Gott sich wünscht, dass wir Gott lieben, möchte Gott auch, dass wir uns in derselben Weise dafür entscheiden, wie wir uns für die Liebe zu jemand anders entscheiden – aufgrund einer eigenen, freien Wahl. Gott hätte uns auch wie Roboter machen können, die alles tun, was Gott will, wann Gott will; aber dann wären wir nicht die, die wir sind, und unser Tun würde nicht zählen, weil nur die Dinge wirklich zählen, die man aus eigener, freier Entscheidung tut.

Was unsere Liebe zu Gott so wunderbar macht, ist dasselbe, was alle Liebe so wunderbar macht: Wir entscheiden uns selbst, ob wir Gott lieben, niemand entscheidet es für uns, und das ist die Art von Liebe, die Gott sich von uns wünscht. Bei Licht besehen ist das auch die Liebe, die wir uns voneinander wünschen. Wir können uns entscheiden, ob wir einander lieben wollen oder nicht. Wenn wir beschließen, einander nicht zu lieben, dann geschehen alle möglichen schlimmen Dinge. Es gibt Kriege. Aber selbst die Kriege und die anderen schlimmen Ereignisse haben einen Wert. Sie lehren uns, aus unseren schlechten Entscheidungen zu lernen. Gott will, dass unsere Liebe zählt, und Liebe zählt nur, wenn sie aus freien Stücken geschenkt wird.

Die Menschen wollen jemand sein in der Welt. Sie wollen auch frei sein. Und Gott will, dass wir das auch sind. Aus diesem Grund ist es auch so schlimm, wenn ein Diktator oder schlechter Herrscher den Menschen die Freiheit raubt. Sobald ihr etwas über die Welt lernt, werdet ihr sehen, dass die Menschen von Orten zu fliehen versuchen, an denen sie nicht frei sind. Sie laufen, so schnell sie können, irgendwohin, wo sie frei wählen können, was sie tun wollen. Gott hat jeden Einzelnen von uns frei geschaffen, lasst euch also von niemandem eure Freiheit wegnehmen. Und wenn ihr je eine Möglichkeit habt, Menschen bei der Flucht von einem Ort zu helfen, an dem sie unfrei sind, dann solltet ihr es auf alle Fälle tun. Gott will, dass wir alle frei sind!

Frei sein heißt, dass wir unsere Entscheidungen selbst treffen können und dass unsere Entscheidungen zählen. Gott nimmt uns unsere Entscheidungen nicht ab. Durch unsere innere Stimme sagt uns Gott, was das rechte Tun ist. Gott möchte, dass wir einander lieben. Gott pflanzte jedem von uns eine innere Stimme ein, die uns eingibt, was das rechte Tun ist, aber Gott kann uns nicht dazu zwingen, auf diese Stimme zu hören. Gott weiß vielleicht sogar, was wir denken und wofür wir uns entscheiden werden, aber Gott nimmt uns die Entscheidung nicht ab. Nur wir selbst entscheiden, was wir tun. Das ist Freiheit. Wenn Gott uns zwingen würde, das Richtige zu tun, dann würde unser Tun nicht wirklich zählen. Es wäre wie Liebe, die auf einem Zaubertrank beruht. Gott will vielmehr, dass wir wirklich wählen, denn nur dann wird das, was wir tun, auch wirklich zählen.

Die Freiheit ist ein großartiges Geschenk Gottes, aber sie macht uns nicht immer glücklich. Manchmal wollen wir überhaupt nicht frei sein. Manchmal möchten wir, dass andere für uns entscheiden, weil manche Entscheidungen so schwer sind. Bei einer Klassenarbeit nicht zu mogeln, obwohl einem das Mogeln eine bessere Note einbringt, ist eine schwere Entscheidung. Einen Freund oder eine Freundin zu verraten, wenn sie etwas Böses getan haben, ist eine schwere Entscheidung. Sich zur Freundschaft mit jemandem zu entscheiden, den niemand mag, ist schwer. Sich entscheiden, für welchen guten Zweck man etwas spenden soll, wenn man nicht viel hat, ist schwer. Ihr wisst, dass Entscheidungen manchmal schwer sind. Aber Entscheidungen treffen führt dazu, dass wir erwachsen werden.

Manchmal werden wir eine falsche Entscheidung treffen. Und zwar ganz sicher! Wir sind nur Menschen. Wir sind nicht so klug wie Gott, aber wir sind frei wie Gott. Habt keine Angst, dass ihr euch falsch entscheiden könntet, denn früher oder später passiert euch das sowieso.

Wenn ihr dann tatsächlich eine falsche Enscheidung getroffen habt, müsst ihr als Erstes lernen, die Menschen, die unter euren falschen Entscheidungen zu leiden haben, um Verzeihung zu bitten. Wenn sie gute Menschen sind, werden sie einsehen, dass sie selbst auch schon falsche Entscheidungen getroffen haben und dass sie euch verzeihen sollten. Wenn sie euch nicht verzeihen, dann ist das ihre falsche Entscheidung, nicht eure.

Als Nächstes müsst ihr lernen, dass um Verzeihung bitten nicht reicht. Ihr müsst versuchen, die Folgen eures schlechten Tuns wieder gutzumachen. Das kann sehr schwer sein. Manchmal ist das so, als wolle man verschüttete Milch wieder in die Flasche zurückfüllen, aber ihr müsst es trotzdem versuchen. Sagen, dass es euch Leid tut, ist einfach nicht genug. Wenn ihr etwas Böses getan habt, müsst ihr versuchen, etwas Gutes zu tun, um es wieder in Ordnung zu bringen.

Die Hauptsache ist, dass ihr bei einer falschen Entscheidung den Mut und die Ehrlichkeit aufbringt zu sagen, was ihr getan habt. Denn ihr habt euch dafür entschieden, ihr habt es getan und nur ihr könnt es wieder gutmachen, wenn es unrecht war. Sich für das Falsche zu entscheiden ist schon schlimm genug. Macht es nicht dadurch noch schlimmer, dass ihr sagt, ihr könnt nichts dafür.

Wenn wir sagen lernen: »Es tut mir Leid, dass ich diese falsche Entscheidung getroffen habe!«, ist das ein Schritt zum Erwachsenwerden. Die Menschen um Verzeihung bitten lernen ist ein Schritt, um die Liebe lebendig zu erhalten. Wenn ihr nicht sagen könnt: »Es tut mir Leid«, und wenn ihr nicht über die Lippen bringt: »Bitte verzeih mir!«, dann könnt ihr auch nicht erwachsen werden. Wenn ihr es nicht fertig bringt, so etwas zu sagen, könnt ihr die Liebe zwischen euch und eurer Familie oder euren Freunden nicht bewahren. Aber ihr müsst auch wissen: Wenn ihr sagt, dass es euch Leid tut, und wenn ihr ernsthaft versucht, Böses, das ihr getan habt, wieder in Ordnung zu bringen, wird Gott euch verzeihen, selbst wenn die Menschen es nicht tun sollten. Gott wird dafür sorgen, dass ihr euch wieder besser fühlt, selbst wenn die Menschen es nicht tun, und Gott wird euch die Kraft geben, auch ein andermal wieder zu sagen, dass euch etwas Leid tut, selbst wenn die Menschen es nicht tun.

Macht euch keine Sorgen, wenn ihr feststellt, dass es schwer ist, das Rechte zu wählen und das Rechte zu tun. Denkt daran, dass es immer Menschen in eurer Umgebung gibt, die euch sehr gut beibringen können, wie man wählt. Zum Beispiel die Pfarrer, die Rabbiner, die Eltern, die Lehrer, die Freunde, und manchmal können es sogar Fremde sein. Die Welt ist voller Menschen, die euch lehren, die richtigen Entscheidungen zu treffen, aber ihr müsst nach ihnen Ausschau halten und ihr müsst ihnen erlauben, euch zu helfen. Gott würde nie von uns verlangen, dass wir so viele Entscheidungen treffen, ohne uns auch viele Lehrer zu geben.

Wählen können und frei sein sind wunderbare Geschenke von Gott, und von ihnen Gebrauch zu machen hilft uns allen, erwachsen zu werden. So hat Gott uns geschaffen, und wir können froh sein, dass Gott uns genau so geschaffen hat!

9

Wenn Gott so gut ist, warum gibt es dann so viel Schlechtes?

Schlechte Entscheidungen! Das ist der Hauptgrund. Die Menschen treffen schlechte Entscheidungen, und dann wird die Welt schrecklich. Aber macht nicht Gott dafür verantwortlich. Die meisten schlechten Dinge auf der Welt geschehen, weil Menschen eine schlechte Wahl treffen.

Fangen wir bei der Umweltverschmutzung an. Sie ist schlecht, weil sie unsere Luft, unser Wasser und unsere Nahrungsmittel vergiftet und weil das Gift uns schadet. Aber ist Gott an der Umweltverschmutzung schuld? Nein! Die Umweltverschmutzung ist durch die schlechte Entscheidung von Menschen entstanden, sich nicht um verschmutzte Luft und verschmutztes Wasser zu kümmern. Sie ist die Folge unserer schlechten Entscheidung zu Selbstsucht, Gier und Schmutz. Umweltverschmutzung beruht auf unserer Entscheidung, uns nicht um die Erde und die nach uns geborenen Menschen zu kümmern, die all das ausbaden müssen.

Oder nehmen wir Mord. Auch Mord ist etwas Schlechtes, an dem nicht Gott schuld ist. Zu einem Mord kommt es, wenn ein Mensch vor Zorn einen anderen umbringt und dabei vergisst, dass andere Menschen einmalig wie Gott sind. Mord ist die Entscheidung, einen Streit dadurch auszutragen, dass man einen Menschen tötet, anstatt mit ihm zu reden. Die Entscheidung, jemanden zu ermorden, ist schrecklich, und sie ist keine Entscheidung, die Gott trifft.

Sogar manche Krankheiten haben ihre Ursache in einer schlechten Entscheidung. Niemand zwingt euch, Zigaretten zu rauchen, aber wenn ihr es tut, habt ihr eine schlechte Wahl getroffen, die euch vielleicht schwer krank werden lässt. Niemand zwingt euch, Nahrungsmittel zu essen, die eine Menge Fett und Zucker enthalten, aber wenn ihr es tut, habt ihr eine schlechte Wahl getroffen und werdet vielleicht herzkrank. Niemand zwingt euch, Drogen zu nehmen, aber wenn ihr es tut, habt ihr eine schlechte Wahl getroffen und könnt eine ganze Reihe von Krankheiten bekommen, die durch Drogenmissbrauch entstehen, und ihr könnt sogar sterben.

Ein großer Teil all des Schlechten in der Welt kommt also daher, dass die Menschen schlechte Entscheidungen treffen. Wir wissen bereits, dass Gott uns nicht davon abhalten kann, falsche Entscheidungen zu treffen, ohne uns unser ganz besonderes Geschenk wegzunehmen – das Geschenk, frei zwischen Gut und Böse wählen zu können. Ist Gott schuld daran, dass so viele Menschen so oft das Böse wählen?

Trotzdem gibt es noch ein Problem. Manches Schlechte scheint nicht auf schlechten Entscheidungen zu beruhen. Zum Beispiel Wirbelstürme. Sie werden ganz bestimmt nicht durch schlechte Entscheidungen von Menschen verursacht! Aber Wirbelstürme töten Menschen und überschwemmen ihre Häuser und wirbeln ihre Sachen durch die Luft. Wirbelstürme sind schlecht, entstehen aber offenbar nicht durch eine schlechte Wahl. Oder was ist zu Babys zu sagen, die an unbegreiflichen Krankheiten sterben? Babys, die noch zu klein sind, um irgendeine Wahl zu treffen? Ist an den Wirbelstürmen und am Tod der Babys Gott schuld?

Vielleicht. Denken wir erst einmal über die Wirbelstürme nach. Schlecht ist eigentlich nicht der Wind oder der Regen, sondern die Tatsache, dass Menschen direkt dort wohnen, wo die Stürme die Küste erreichen. Würden die Menschen in Colorado wohnen, hätten sie nie unter einem Wirbelsturm zu leiden. Wirbelstürme sind einfach heftige Winde und nicht an sich schlecht. Schlecht sind sie nur, wenn man ihnen in die Quere kommt, und manche Menschen wohnen eben dort, wo es solche Stürme gibt. Wir wissen, dass sich die Menschen nicht immer frei aussuchen können, wo sie leben wollen. Wenn man Fischer ist, kann man sich nicht gut dafür entscheiden, in Colorado zu wohnen, weil dann morgens der Weg zur Arbeit viel zu weit wäre. Aber Wirbelstürme sind nicht von Haus aus schlecht. Es ist nur schlecht, ihnen in die Quere zu kommen.

Das Traurigste ist der Tod eines Babys. Wir wissen nicht,

warum so viele Babys sterben. Wir wissen, dass Babys manchmal aus denselben Gründen sterben wie Erwachsene. Vielleicht erzeugt die Verschmutzung unserer Luft und unseres Wassers, die bei einigen von uns Krebs auslöst, auch schon bei manchen Babys Krebs, solange sie im Leib ihrer Mutter wachsen und auf ihre Geburt warten. Wir wissen, dass eine Frau, in deren Bauch ein Baby heranwächst, gut für sich sorgen muss, etwa richtig essen und genügend schlafen, und dass sie nicht rauchen, keine Drogen nehmen und keinen Alkohol trinken darf, weil sonst das Baby krank werden oder sogar sterben kann. Manche Babys sterben, weil ihre Mütter schlechte Entscheidungen getroffen haben oder weil ihre Mütter in dem Land, in dem sie leben, nicht gut für das Baby sorgen lernen, das in ihrem Leib wächst.

Aber nicht jedes Baby stirbt aufgrund einer schlechten Entscheidung, nur manche. Manchmal wissen wir nicht, warum ein Baby stirbt. Es stirbt einfach. Wir wissen, dass manche Tierkinder sterben, weil sie zu schwach sind, und wir wissen, dass dasselbe auch bei Menschenkindern passieren kann, aber wir wissen nicht, warum. Es sieht so aus, als sei Gott gemein, wenn er ein Baby sterben lässt, das keine schlechte Wahl getroffen hat und dessen Mutter alles richtig gemacht hat.

Manchmal sterben Millionen von Menschen in einem Krieg. Sie müssen sterben, weil anderen Menschen ihre Religion nicht gefällt oder ihre Hautfarbe oder ihre Heimat oder die Regierung in ihrem Land. Es sieht so aus, als sei Gott gemein, wenn er zulässt, dass Millionen von Menschen sterben, die keine schlechte Entscheidung getroffen haben.

Was können wir über das Schlechte sagen, das von Gott zu kommen scheint? Als Erstes können wir sagen, dass es in Ordnung ist, nicht zu wissen, warum Gott Dinge zulässt, die uns gemein vorkommen. Wir sind nicht Gott, und wir wissen nicht immer, warum Gott guten Menschen Schlechtes zustoßen lässt, aber es ist in Ordnung, das nicht zu wissen. Wir wissen, dass Gott uns liebt, und wir wissen, dass die Erde viel schöner wird, wenn wir tun, was Gott uns aufgetragen hat, und dass das Schlechte dann abnimmt. Aber wir wissen nicht, warum Gott Schlechtes geschehen lässt, das nicht die Folge von schlechten Entscheidungen ist, und wir brauchen es auch nicht zu wissen.

Wir glauben, dass Gott die Welt vielleicht mit Löchern geschaffen hat. Nicht die Art Löcher, in die man hineinfällt und aus denen man wieder herausklettern muss, sondern die Art Löcher, die wie die fehlenden Teile eines Puzzles sind. Die Löcher sind die schlechten Dinge, die Gott in der Welt gelassen hat, damit wir an ihnen arbeiten und sie besser machen können. Löcher sind etwa die Krankheiten, die wir noch nicht heilen können. Ein anderes Loch ist die Tatsache, dass wir manche Menschen so arm werden lassen, dass sie verhungern, und andere Menschen so reich, dass ihnen alle anderen gleichgültig sind. Die Löcher sind wie Hausaufgaben von Gott, und wenn wir unsere Hausaufgaben sorgfältig machen, werden wir die Welt verbessern.

Wir kennen eine Ärztin, die sich zu ihrem Beruf entschlossen hat, als sie ein Baby unnötig sterben sah. Sie widmet ihr ganzes Leben dem Versuch, ein Loch zu stopfen, das Gott in der Welt gelassen hat. Wir kennen auch einen Mann, der sich darum bemüht, Wirbelstürme im Voraus zu berechnen, damit er die Menschen lange vor der Ankunft des Sturmes warnen kann, so dass sie Zeit haben, ihre Sachen gut zu befestigen und sich in Sicherheit zu bringen. Die Löcher in der Welt hat Gott uns gegeben, damit wir uns anstrengen. Wenn es uns gelingt, alle Löcher zu stopfen, kommt Schlechtes vielleicht nur noch von schlechten Entscheidungen her, und vielleicht lernen wir auch noch, seltener schlechte Entscheidungen zu treffen.

Eines ist sicher. Von Gott kommt nichts Schlechtes. Gott ist zu gut, zu liebevoll und zu klug, um Schlechtes einfach nur so zu machen. Das Schlechte kommt von unseren schlechten Entscheidungen oder von den Löchern in der Welt, die Gott uns gegeben hat, damit wir sie stopfen. Von Gott kommt nichts Schlechtes. Aber es gibt viel Schlechtes. Das wissen wir. Das wisst ihr auch. Das wissen alle. Also machen wir uns am besten an die Arbeit, ehe es noch mehr wird. Fangen wir doch gleich damit an, seltener schlechte Entscheidungen zu treffen. Das ist das Allerwichtigste.

10

Warum konnte Gott Großvater nicht schnell und ohne Schmerzen sterben lassen?

Schmerzen stellen uns vor besonders schwere Fragen. Es ist nicht so schwer zu verstehen, warum Gott die Menschen sterben lässt. Schließlich muss es auf der Erde Platz für neue Babys geben. Aber sehr schwer zu verstehen ist, warum Gott die Menschen unter Schmerzen sterben lässt. Die Schmerzen erschweren das Sterben noch zusätzlich, und es sieht so aus, als sei es gemein von Gott, das Sterben noch schwerer zu machen, als es ohnehin schon ist.

Wir konnten alle verstehen, warum Großvater im Sterben lag. Er war ein alter Mann, hatte ein langes Leben hinter sich und Zeit gehabt, sich noch an den Kindern seiner Kinder zu freuen. Aber warum ließ Gott Großvater am Ende seines Lebens so viele Schmerzen haben? Warum hat er ihn nicht einfach schnell sterben lassen und ihm die Schmerzen erspart?

Schmerzen stellen uns vor besonders schwere Fragen.

Als Erstes müssen wir über Schmerzen wissen, dass Gott sie als eine Art Alarmglocke eingerichtet hat, die anzeigt, dass etwas in unserem Körper nicht stimmt. Wenn uns etwas wehtut, ist das Gottes Art und Weise uns zu sagen: »Lass danach schauen!« Wenn wir Bauchschmerzen haben, haben wir vielleicht nur zu viel Eis gegessen, vielleicht meldet sich aber auch unser Blinddarm. Ohrenschmerzen können wir von zu viel Rockmusik bekommen oder aber von einer Entzündung. Schmerzen sind also gut, wenn sie die Rolle einer Alarmglocke für unseren Körper spielen. Ohne Schmerzen wüssten wir nicht, dass wir uns den Finger am Ofen verbrannt oder das Bein gebrochen haben, als wir beim Fußballspielen ungeschickt hingefallen sind.

Aber schwer zu verstehen sind die Schmerzen, die manchmal am Ende des Lebens kommen, weil wir dann oft nicht mehr in Ordnung bringen können, was uns die Alarmglocke als kaputt anzeigt. Manche Menschen leiden jahrelang unter Schmerzen, ehe sie sterben. Diese Schmerzen können ihnen selbst und denen, die sie lieben, das Leben zur Qual machen. Dass Gott diese Art von Schmerzen zulässt, sieht für uns grausam aus.

Denken wir ein wenig über Schmerzen nach. Ihr habt bestimmt schon erlebt, dass manche Kinder völlig durchdrehen, wenn sie vom Arzt eine Spritze bekommen sollen, andere Kinder dagegen nicht. Erwachsenen geht es genauso. Manche Erwachsene können keine Schmerzen aushalten, andere aber durchaus. Wir können nicht darüber entscheiden, ob wir Schmerzen haben oder nicht; aber wir können manchmal Einfluss darauf nehmen, wie weit wir die

Schmerzen an uns heranlassen. Wenn euch ein Steinbrocken auf die Zehen fällt, tut das natürlich weh! Dennoch könnt ihr den Entschluss fassen, nicht durchzudrehen. Ihr könnt euch entscheiden, die Schmerzen anzunehmen, und versuchen, euch nicht von ihnen verrückt machen zu lassen. Wie wir mit Schmerzen umgehen, ist eine Wahlmöglichkeit, die Gott uns gibt, damit wir lernen können, nicht durchzudrehen, wenn etwas Schmerzhaftes geschieht.

Der Schmerz, der entsteht, wenn euch ein Stein auf die Zehen fällt, ist ein körperlicher Schmerz, aber es gibt auch seelische Schmerzen, die auf anderen Wegen entstehen. Wenn ein Freund wegzieht, fühlt ihr seelischen Schmerz. Wenn euch ein Großvater oder eine Großmutter stirbt, und ihr hattet ihn oder sie sehr lieb, empfindet ihr seelischen Schmerz. Wenn euer Hund oder eure Katze wegläuft oder überfahren wird, tut euch das in der Seele weh. Manchmal ist seelischer Schmerz schlimmer als körperliche Schmerzen, weil es länger dauern kann, bis er wieder vergeht. Aber sogar bei seelischem Schmerz habt ihr eine Wahl. Ihr könnt darüber nachdenken, wie traurig ihr seid, weil euer Freund weggezogen, euer Großvater gestorben oder euer Hund weggelaufen ist, und dann fühlt ihr euch immer schlechter. Ihr könnt aber auch an all die schönen Erlebnisse denken, die ihr mit dem betreffenden Menschen oder Tier hattet, als sie noch bei euch waren. Ihr könnt versuchen, ihnen frohe Gedanken nachzuschicken, und diese glücklichen Erinnerungen bewirken, dass der seelische Schmerz ein bisschen weniger wehtut. Der Grund für den seelischen Schmerz ist die Liebe, die wir für den verlorenen

Menschen oder das verlorene Tier empfunden haben. Liebe tut weh, wenn diejenigen, die wir lieben, weggehen. Aber Liebe ist trotzdem gut, und obwohl wir wissen, dass es uns wehtun wird, wenn wir nicht mehr mit denen zusammen sein können, die wir lieb haben, ist es doch ein Glück, dass wir lieben können. Liebe ist den seelischen Schmerz wert, weil Liebe das Beste auf der Welt ist.

Ihr seht also, dass ihr eine Wahl habt, ganz gleich, ob die Schmerzen körperliche oder seelische sind. Ihr könnt den Schmerzen erlauben, euch so elend zu machen, dass ihr an gar nichts anderes mehr denken könnt. Oder ihr könnt lernen, dass Schmerz ein Gefühl ist, das zwar nicht weggeht, das ihr aber besser kontrollieren könnt, als ihr zuerst gedacht hattet. Das ist eine Lektion, von der Gott möchte, dass wir sie lernen. Vielleicht ist das einer der Gründe dafür, warum uns Gott körperliche und seelische Schmerzen leiden lässt.

Und noch etwas zum Thema Schmerzen. Sie erinnern uns daran, dass wir dankbar sein sollen, wenn wir keine haben. Manchmal werden wir selbstsüchtig ohne es überhaupt zu merken. Wir halten all das Gute, das uns geschenkt wird, für selbstverständlich, und meinen auch manchmal, dass all das Schlechte, das uns zustößt, einfach ein Versehen ist. Schmerzen erinnern uns daran, wie gut es uns geht, wenn wir keine Schmerzen haben. Schmerzen können uns helfen, nicht selbstsüchtig mit all dem Guten umzugehen, mit dem wir gesegnet sind. Schmerzen können uns helfen, aufmerksamer für die guten Zeiten zu werden und Gott für diese Zeiten zu danken.

Schmerzen können uns auch helfen, Menschen besser zu verstehen, die immer mit Schmerzen leben müssen. Auch wenn niemand Schmerzen haben will, können sie uns doch etwas über das Leben lehren, uns dankbarer und gelassener machen.

Wir kennen eine Frau, die sich einmal das Bein brach und eine Zeit lang einen Rollstuhl benützen musste. Sie lernte, wie schwer es Rollstuhlfahrer haben, in Gebäude, Busse und Züge hineinzukommen. Als es ihr wieder besser ging, beschloss sie, Menschen zu helfen, die immer einen Rollstuhl benützen müssen. Sie sorgte dafür, dass Menschen, die keinen Rollstuhl brauchen, mehr auf die Menschen hörten, die einen brauchen, und brachte sie dazu, es den Rollstuhlfahrern leichter zu machen, sich im öffentlichen Leben zu bewegen. Wenn ihr euch also das nächste Mal richtig glücklich und wohl fühlt und alles ist in bester Ordnung, dann vergesst nicht, Gott auf der Stelle dafür zu danken. Man weiß nie, wann sich die Dinge ändern.

Schmerzen können uns auch lehren, unser Leben mit neuen Augen zu sehen. Durch Schmerzen kann uns Gott auch daran erinnern, was wirklich wichtig ist, nämlich nicht all die läppischen Dinge, die wir für wichtig halten, die es aber im Grunde nicht sind. Schmerzen können wirken wie ein Knopfdruck, der uns ein neues Leben beginnen lässt. Schmerzen können uns Gott nahe bringen, wenn wir Hilfe suchen, um unsere Lage besser verstehen zu können. Schmerzen können uns Gott nahe bringen, wenn wir Hilfe suchen, weil wir mit Schmerzen leben lernen müssen.

Schmerzen können uns Gott nahe bringen, wenn wir Trost und Heilung suchen. Niemand möchte Schmerzen haben, aber was sie uns bringen, ist nicht immer schlecht.

Schmerzen geben uns auch die Möglichkeit, anderen Menschen zu helfen, die Schmerzen leiden. Die ganze Familie musste der Großmutter helfen, sich um Großvater zu kümmern. Wir alle haben uns Zeit genommen, um Großvater Gesellschaft zu leisten, wir alle versuchten, ihn aufzuheitern und ihm zu helfen, sich so gut wie irgend möglich zu fühlen. In dieser Zeit haben wir alle gelernt, was es heißt, Mitglied einer Familie zu sein. In dieser Zeit haben wir Großvater sozusagen all die Liebe vergolten, die er uns im Laufe der Jahre geschenkt hatte. Natürlich wollte Großvater sie nicht vergolten haben, aber so etwas Ähnliches ist trotzdem geschehen. Er hat uns Liebe geschenkt, wenn wir Schmerzen hatten, und nun schenkten wir ihm Liebe. Schmerzen sind nicht gut, aber dass Schmerzen uns helfen können, anderen helfen zu lernen, ist gut.

Großvater schien nie an sich selbst zu denken, als er im Sterben lag. Er fragte immer nach uns: »Wie geht es in der Schule?« »Helft ihr auch eurer Großmutter?« Großvater wollte etwas über unsere kleinen Sorgen wissen, als er selbst sehr große Sorgen hatte. Er wollte wissen, ob es Großmutter gut ging. Er liebte sie so sehr, dass seine Schmerzen aufgrund dieser Liebe erträglicher wurden. Das war uns allen eine wirkliche Lehre. Sie brachte uns etwas über Liebe und Schmerzen bei, aber vor allem etwas über die Liebe. Was Großvater für Großmutter tat, als es ihm gut ging, sollten wir zu tun versuchen, als Großvater krank war. Es ist sicher schwer zu glauben, aber aus Großvaters Schmerzen erwuchs Liebe. Das machte es leichter, die Schmerzen auszuhalten.

Am Tag ehe er starb, sagte Großvater zu uns: »Ich habe nie damit gerechnet, ewig zu leben. Ich habe nie damit gerechnet, reich zu werden. Ich habe mir nie vorgestellt, einmal viele Freunde zu haben, aber ich dabe immer darauf gehofft, dass meine Familie mich lieben würde. Gott hat mein Gebet erhört.«

Als wir sahen, dass Großvater Gott dankbar war, obwohl er Schmerzen hatte und im Sterben lag, machte uns das alle dankbar gegenüber Gott. Großvater lehrte uns etwas über Gott, und Gott half Großvater, seine letzten Tage in Liebe zu leben.

Dann sagten wir Großvater, was alle Menschen hören sollten, ehe sie sterben: »Wir haben dich lieb und du wirst nie allein sein.« Diese Worte halfen Großvater, mit den Schmerzen zu leben, und sie halfen uns, mit den Schmerzen zu leben. Das ist alles, was Worte und Liebe bewirken können, aber es ist viel.

Manchmal lernen wir mehr aus etwas Schlechtem als aus etwas Gutem, und Schmerzen sind etwas Schlechtes, das uns eine Menge lehrt. Sie lehren uns, nicht durchzudrehen, wenn etwas Schmerzhaftes geschieht. Sie lehren uns, für all die Zeiten dankbar zu sein, in denen wir keine Schmerzen haben, und sie lehren uns, anderen Menschen zu helfen, die immer mit Schmerzen leben müssen. Gott hat vielfältige Wege, uns etwas zu lehren, und ein solcher Weg sind Schmerzen.

11

Bestraft Gott die Menschen?

Wir müssen uns noch einmal daran erinnern, warum wir Gutes tun. Wir tun Gutes, weil es uns ein gutes Gefühl gibt. Wir tun Gutes, weil wir den Menschen oder das Tier lieb haben, dem wir damit Liebes tun. Wir tun Gutes, weil wir glauben, dass Gott das von uns möchte. Alle diese Gründe haben damit zu tun, dass wir sind, wie wir sind. Wir sind einmalig wie Gott. Gutes zu tun ist das Richtige.

Manche Menschen tun allerdings aus anderen Gründen Gutes. Sie glauben, gute Taten seien wie Münzen, die man in ein Sparschwein stecken kann. Sie glauben, dass sie eine bestimmte Anzahl von Münzen zusammensparen müssen, damit sie sich davon eine Eintrittskarte in den Himmel kaufen können.

Vielleicht brauchen wir sogar eine gewisse Menge solcher Münzen in Form guter Taten, vielleicht aber auch nicht. Eines allerdings wissen wir genau: Wenn wir nur

Gutes tun, damit wir in den Himmel kommen, verstehen wir gar nicht, was eine gute Tat eigentlich ist.

Gut ist eine Tat, die wir einfach deshalb tun, weil sie gut ist, und nicht, weil sie uns etwas anderes einbringt, was wir haben wollen. Denn wenn ihr es richtig bedenkt, ist es doch eher selbstsüchtig, etwas Gutes nur mit dem Ziel zu tun, eine Belohnung dafür zu bekommen, oder? Wenn ihr einer alten Frau über die Straße helft, tut ihr es nicht, weil ihr denkt, sie wird euch eine Mark dafür geben. Ihr tut es (hoffentlich!), weil es das Richtige ist oder weil es euch ein gutes Gefühl gibt oder weil ihr denkt, Gott möchte, dass ihr alten Menschen helft, wenn ihr könnt. Das sind gute Gründe dafür, Gutes zu tun. Etwas Gutes zu tun, damit ihr dafür belohnt werdet, ist nicht schlecht. Es ist nur nicht gerade der beste Grund.

Wenn ihr also lernen könnt, Gutes nur deshalb zu tun, weil es gut ist, und nicht, weil ihr mit einer großartigen Belohnung rechnet, könnt ihr auch lernen, Böses *nicht zu tun*, einfach weil es schlecht ist, und nicht weil ihr Angst habt, erwischt zu werden. Die Angst vor dem Erwischtwerden ist für viele Menschen der Hauptgrund, Böses zu unterlassen. Sie wollen nicht von ihren Eltern, ihren Lehrern, der Polizei oder Gott ertappt werden (wobei sie sich Gott als eine Mischung aus Lehrer, Eltern und Polizist vorstellen). Sie glauben, wenn weder Lehrer noch Eltern ihre Missetat entdecken, wird Gott sie entdecken und sie dafür bestrafen.

Wir glauben, dass Gott alles Böse sieht, das wir tun. In irgendeiner Weise wird Gott uns nach unserem Tod dafür zur Rechenschaft ziehen. Auch das gehört wieder zu den

Dingen, die wir erst erfahren, wenn wir gestorben sind, und über die wir nicht viel wissen können, solange wir noch leben. Habt keine Angst, aber denkt auch nicht, dass es niemand sieht, wenn ihr etwas Böses tut. Gott sieht es, auch wenn es sonst niemand merkt.

Solange wir aber am Leben sind, sollten wir uns alle vor Augen halten, dass wir einen besseren Grund dafür haben sollten, nichts Böses zu tun, als die pure Angst, man könnte uns erwischen. Wenn wir es fertig bringen, Gutes zu tun, einfach weil es gut ist, dann können wir doch gewiss Böses unterlassen, einfach weil es böse ist. Wenn wir Böses tun, sollten wir dabei innerlich ein schlechtes Gefühl haben, ebenso wie uns das Gute innerlich ein gutes Gefühl gibt.

Wenn wir glauben, dass wir für gute Taten belohnt und für böse Taten bestraft werden, geraten wir außerdem in große Verwirrung, denn hier auf Erden werden viele Menschen nicht erwischt, die Böses tun, und vielen guten Menschen stößt Schlimmes zu. Wir wissen nicht, warum das so ist. Niemand weiß, warum das so ist. Wir wissen aber, dass wir unsere Zeit nicht damit verschwenden können, ständig aufzupassen, wer belohnt und wer bestraft wird. Wir müssen uns immer wieder daran erinnern, warum wir Gutes tun und warum wir Böses unterlassen, und die Gründe für beides sollten nichts mit Belohnung oder Strafe zu tun haben.

Gott ist weder ein Polizist noch ein Punktezähler. Gott ist eher einem Lehrer, einem Vater oder einer Mutter ähnlich, die wollen, dass wir das Rechte aus den richtigen Gründen tun. Wir glauben, dass Gott alles sieht, und wir glauben, dass Gott auch zu irgendeiner Zeit in irgendeiner

Weise für gute Menschen sorgt. Aber am tiefsten sind wir davon überzeugt, dass Gott will, dass wir Gutes einfach deshalb tun lernen, weil es gut ist, und Böses einfach deshalb unterlassen lernen, weil es böse ist.

Wenn man sich Gott als einen großen Himmelspolizisten vorstellt, der einen jedes Mal heranwinkt und einem einen Strafzettel gibt, wenn man etwas Böses getan hat, ist das auch ein sehr Angst einflößendes Bild. Es ist schwer, jemanden zu lieben, von dem man fürchtet, er könnte einen einsperren. Gott möchte, dass wir Gott lieben. Wenn ihr jemanden liebt, wollt ihr das tun, was er oder sie möchte. Wenn ihr jemanden fürchtet, wollt ihr einfach davonlaufen! Gott zu lieben ist der beste und der einzige dauerhafte Grund, die guten Taten zu vollbringen, die Gott uns aufgetragen hat.

Schaut euch die Welt so an, wie sie wirklich ist. Die Welt ist so, dass man nicht immer erwischt wird, wenn man etwas Böses tut. Aber das heißt nicht, dass Gott es nicht sieht und dass es nicht böse ist. Es heißt nur, dass wir aus vielen Gründen, die letztlich unwichtig sind, etwas Böses getan haben und nicht dabei erwischt wurden. Wir hätten es nicht tun sollen und wir sollten es nicht wieder tun.

Denkt daran, dass Gott uns wirklich liebt und will, dass wir Gutes tun, einfach, weil es gut ist, und Böses zu unterlassen, einfach, weil es böse ist. Nicht jeder kann damit leben, aber es ist die Wahrheit. Es führt dazu, dass wir erwachsen werden. Nicht Gutes tun, bloß um eine Belohnung zu bekommen! Nicht Böses unterlassen, bloß um nicht erwischt zu werden! Einfach das Richtige tun!

12

Darf man auf Gott wütend werden?

Eines Tages, wenn du das Gefühl hast, Gott hätte dich im Stich gelassen, wirst du vielleicht wütend auf Gott. Keine Sorge, das ist in Ordnung. Gott kann das vertragen, und es hat keinen Sinn zu sagen, du seist nicht wütend, wenn du wütend bist. Wenn wir auf Gott wütend werden, dann aus demselben Grund, aus dem wir auf Menschen wütend werden, die wir lieb haben. Wenn man jemanden sehr lieb hat und ihm sehr vertraut und sich sehr auf ihn verlässt, und dann enttäuscht er einen, dann wird man richtig wütend. Es passiert jeden Tag, dass man auf Menschen wütend wird, die man lieb hat.

Wenn man auf Menschen wütend wird, die man lieb hat, ist das ein Zeichen dafür, dass sie einem wirklich wichtig sind. Es ist schwer, auf jemanden wütend zu werden, der einem nicht viel bedeutet. Bei Gott ist es genauso. Je mehr wir Gott lieben, desto eher wird es vorkommen, dass wir auf Gott wütend werden. Aber eine Wut auf Gott zu bekommen ist etwas anderes, als eine Wut auf seinen kleinen Bruder zu kriegen, weil er einem das Radio kaputtgemacht hat. Wenn ihr eine Wut auf euren kleinen Bruder habt, brüllt ihr ihn an, schreit herum, werft Sachen durch die Gegend, rennt im Haus herum, und dann ist wieder Ruhe. Eine Wut auf Gott haben ist unheimlich, weil Gott nichts sagt und weil ihr nicht wisst, wohin ihr rennen könnt, wogegen ihr Sachen werfen könnt und was ihr machen sollt.

Meistens werden die Menschen wütend auf Gott, weil jemand, den sie sehr lieb hatten, gerade gestorben ist. Diese Wut ist in Ordnung. Ihr habt diesen Menschen geliebt und nun ist er tot. Ihr wisst, dass Gott sehr mächtig und sehr klug ist und dass es Gott möglich gewesen wäre, diesen Menschen noch eine Weile am Leben zu lassen. Gott hätte das wirklich tun können, und niemand weiß, warum Gott es nicht getan hat. Warum Menschen sterben, wenn sie sterben, weiß nur Gott. Wenn wir Gott wären, wüssten wir es auch, aber da wir das nicht sind, wissen wir es eben nicht.

Wir wissen nur (und es ist gut, sich daran zu erinnern, wenn man auf Gott wütend wird), dass Gott den Menschen, den ihr lieb hattet, nicht nur sterben, sondern auch leben ließ. Gott hat nicht nur erlaubt, dass dieser Mensch aus eurem Leben verschwunden ist, sondern Gott hat ebenso dafür gesorgt, dass es diesen Menschen in eurem Leben gab. Selbst wenn wir wütend auf Gott sind, was in Ordnung ist, haben wir immer noch einen Grund, Gott dankbar zu sein. Es ist gut, sich daran zu erinnern, wenn man gerade eine Wut hat. Wenn wir Gott die Schuld für das in die Schuhe schieben, was schief geht, sollten wir Gott zumindest auch für das danken, was gut läuft.

Es ist also in Ordnung, auf Gott wütend zu werden, wenn jemand, den ihr lieb habt, oder etwas, das ihr lieb habt, stirbt, weil das wehtut und weil ihr den Grund dafür nicht versteht. Wir sollten einfach versuchen, für alles Gute und für jeden guten Menschen in unserer Umgebung dankbar zu sein, solange dieses Gute währt.

Wenn der Mensch, der gestorben ist, viel Gutes getan hat, haben wir vielleicht das Gefühl, Gott sei wirklich unfair, aber erinnert euch an das, was wir im letzten Kapitel gesagt haben. Unsere guten Taten sind nicht wie Münzen, die man in ein Sparschwein steckt. Unser Leben wird nicht länger, wenn wir Gutes tun, sondern nur besser, erfüllter und reicher an Liebe. Gott ist immer fair, auch wenn es uns nicht immer so vorkommt. Denkt daran, dass Gott allwissend ist und wir es nicht sind, weil wir nicht Gott sind.

Aber trotz alledem tut es einfach weh, wenn ein geliebter Mensch stirbt, und man darf diesen Schmerz auch empfinden. Ihr fühlt euch vielleicht elend und auch verletzt. Der Schmerz kommt von der Liebe. Je größer die Liebe zu dem verstorbenen Menschen war, desto größer der Schmerz.

Wenn an manchen Tagen der Schmerz sehr groß ist und ihr jemanden, den ihr lieb hattet und der gestorben ist, ganz besonders vermisst und euch wünscht, dass der Schmerz vergeht, dann überlegt euch einmal Folgendes:

Wenn jemand zu euch käme und euch sagen würde, dass er euch den Schmerz nehmen könnte, aber nur um den

Preis, dann auch jede Erinnerung an die Liebe zu diesem Menschen auszulöschen, würdet ihr das wollen? Wärt ihr bereit, all die schönen, liebevollen Erinnerungen an diesen Menschen in eurem Kopf ausradieren zu lassen, damit ihr nicht mehr den Schmerz über seinen Tod fühlen müsst? Wir vermuten, dass ihr die Liebe nicht hergeben würdet, nur um den Schmerz loszuwerden. Wir glauben, dass ihr wahrscheinlich noch immer von diesem Menschen geliebt sein wolltet, auch wenn ihr wüsstet, dass es euch sehr wehtun wird, wenn dieser Mensch eines Tages stirbt. Wir glauben, dass die meisten von euch die Liebe *und* den Schmerz annehmen würden. Der Schmerz ist der Preis, den wir für die Liebe bezahlen, wenn wir sie verlieren. Je größer die Liebe, desto größer der Schmerz. Die Liebe ist so kostbar, dass sie den Schmerz wert ist.

Wenn ihr die Liebe annehmt und auch den Schmerz annehmt, den ihr spürt, wenn ein geliebter Mensch stirbt, könnt ihr etwas Wichtiges daraus lernen. Wenn der schlimmste Schmerz vorbei ist, werdet ihr entdecken, dass die Liebe niemals stirbt. Der Mensch, den ihr lieb hattet, stirbt, aber nicht die Liebe, die ihr für ihn empfindet. Ihr erinnert euch jeden Tag an diese Liebe, und sie wärmt noch immer euer Herz wie früher und gibt euch das Gefühl, etwas Besonderes zu sein, das sie euch stets gegeben hat. Man fühlt sich zwar auch traurig, wenn man sich an die Liebe eines Menschen erinnert, der gestorben ist, aber die Liebe bleibt! Das ist eine wunderbare Erkenntnis.

Wenn also euer Zorn auf Gott ein wenig verraucht ist, erinnert euch an das, was ihr schon immer wusstet. Die

Liebe besteht über den Tod hinaus, und wir wissen nicht und können auch nicht wissen, wann die Menschen sterben, die wir lieb haben. Daher können wir warten, bis es geschieht, und dann Gott Vorwürfe machen. Wir können aber auch jeden Morgen aufwachen und Gott danken für all die Menschen und die lebendigen Dinge um uns herum, die wir lieben und die uns Gott für einige Zeit gegeben hat, damit wir sie lieb haben können ... auch wenn wir nicht wissen, für wie lange. Denkt daran, dass der Tod nicht das Ende der Liebe ist. Nur der Hass ist das Ende der Liebe.

13

Wenn ich Gott etwas sage, hört Gott mir dann zu?

Wenn wir Gott etwas sagen, ist es nicht nur wichtig, dass wir aufmerksam auf das hören, was Gott uns sagt, sondern auch aufmerksam auf das zu hören, was wir Gott sagen.

Gott etwas sagen ist beten. Die Worte, die wir Gott sagen, sind unsere Gebete. Denkt einmal über eure Gebete nach. In manchen Gebeten wird Gott um Sachen gebeten. Vielleicht wünscht ihr euch ein neues Fahrrad, also bittet ihr in euren Gebeten um diese Rad. Vielleicht denkt ihr dabei: »Es kann nicht schaden, Gott zu bitten, mir dieses Fahrrad zu schenken.« Gott hört euch dann zwar, aber wenn ihr ein Fahrrad bekommt, wird es nicht von Gott sein. Ein Fahrrad muss man kaufen, und Gott sitzt nicht sozusagen an der Kasse eines himmlischen Warenhauses. Gott gibt uns viele Sachen. Gott hat uns einen schönen Körper und eine herrliche Welt geschenkt, und alles ganz umsonst. Wenn ihr bedenkt, wie wunderbar all die kostenlosen Dinge sind, die Gott uns gegeben hat, ist es dann nicht habgierig und selbstsüchtig, Gott in unseren Gebeten um noch mehr Sachen zu bitten?

Gott um Sachen zu bitten lässt uns auch vergessen, dass wir für das, was wir uns wünschen, fleißig arbeiten müssen. Angenommen, Gott würde euch das Fahrrad tatsächlich geben. Zack, einfach so. Wenn ihr dann später ein Auto wollt, könntet ihr leicht auf den Gedanken kommen, ihr bräuchtet euch nur gemütlich hinzusetzen, die Füße hochzulegen, das gewünschte Modell in der richtigen Farbe aus dem großen Warenkatalog Gottes zu bestellen und zack, schon wäre euer Auto da! Wenn Gott so etwas für uns täte, wäre er ständig damit beschäftigt, uns Sachen zu liefern, und wir würden faul und selbstsüchtig werden. Wir würden nicht mehr arbeiten wollen, weil wir Sachen einfach bei Gott bestellen könnten, wie wir per Telefon eine Pizza bestellen können.

Mit Gott über alles zu sprechen, was euch beschäftigt, ist gut, aber wenn ihr ständig daran denkt, dass ihr immer noch mehr Sachen haben wollt, dann solltet ihr vielleicht einmal an etwas anderes denken. Statt Gott im Gebet um ein Fahrrad zu bitten, wünscht ihr euch dann vielleicht, dass ihr fleißig sein, Geld sparen und euch selbst ein Rad kaufen könnt. Das würde euch vermutlich auch Gott raten.

Manchmal werden Menschen, die wir lieb haben, krank, und wir beten zu Gott, dass er sie wieder gesund macht. Das ist besser, als um ein Fahrrad zu bitten, denn wenigstens bitten wir Gott um Hilfe für jemand anders. Ein Fahrrad können wir kaufen, aber gesund machen können wir Menschen nicht immer. In diesen Zeiten brauchen wir wirklich die Hilfe Gottes. Und es ist ganz und gar nicht falsch, zu Gott zu beten und um diese Hilfe zu bitten. Aber erinnert euch, dass Gott nicht jeden Menschen wieder gesund macht, der krank wird. Vielleicht wird der kranke Mensch, den ihr gern habt, wieder gesund, vielleicht auch nicht. Gott sagt uns nicht im Voraus, wer wieder gesund wird und wer nicht. Aber eines müsst ihr immer wissen: Gott hört jedes Gebet, und Gott hört uns auch, wenn wir darum beten, dass jemand, den wir lieb haben, wieder gesund wird.

Wir glauben, dass Gott jedes Gebet erhört, aber nicht immer in einer Weise, die wir verstehen können. Es ist in Ordnung, nicht alle Arten von Antwort auf ein Gebet zu verstehen. Wir sind nicht Gott, wir lieben Gott nur und beten zu Gott, um Gott von dieser Liebe zu erzählen, und manchmal auch, um Gottes Hilfe für die Menschen zu erbitten, die wir hier auf Erden gern haben.

Manche Gebete bitten Gott um überhaupt nichts. Das sind die Gebete, mit denen ihr Gott für die guten Dinge dankt, die ihr bereits besitzt, oder Gott daran erinnert, wie sehr ihr Gott liebt.

Wenn ihr Gott für all das Gute dankt, das ihr schon habt, vermeidet ihr es, selbstsüchtig zu werden. Wenn ihr Gott daran erinnert, wie sehr ihr Gott liebt, erinnert ihr auch euch selbst daran. Das sind große Gebete. Sie betteln um nichts, sie sind freudige, liebevolle Gespräche mit Gott. Solche Gebete erinnern uns daran, welcher Segen es ist, wenn wir gesund sind, wenn wir ein Zuhause und etwas zu essen haben und Menschen, die uns lieben. Wir sollten Gott jeden Tag für all das Gute danken, das wir bekommen haben. Und wenn wir in dieser Weise beten und wirklich darüber nachdenken, wie viele großartige Dinge wir bereits besitzen, dann erscheint uns die Tatsache, dass uns noch ein Fahrrad fehlt, längst nicht mehr so schlimm.

Nun können wir zwar verstehen, warum uns Gott nicht auf der Stelle ein Fahrrad gibt, wenn wir eines wollen, aber warum gibt Gott manchen Menschen keinen Platz zum Schlafen, nichts zu essen und niemanden, der sie liebt? Es gibt so viele Menschen auf der Welt, die so krank und so traurig sind, es ist eine große Frage, warum Gott ihnen nicht hilft. Aber wenn ihr einen Augenblick darüber nachdenkt, ist das im Grunde eine große Frage an uns, nicht an Gott. Wenn Gott uns antworten könnte, würde Gott vielleicht zu uns sagen:

»Was? Ihr wollt, dass ich diesen armen Menschen helfe! Und warum helft *ihr* ihnen nicht? Ihr habt genug Geld! Ihr habt genug zu essen! Ihr habt genug Menschen, die sie umarmen und lieb haben könnten! Erhebt euch auf der Stelle von euren vier Buchstaben und macht einen kleinen Schritt, um einem einzigen hungrigen Menschen etwas zu essen zu geben, einen einzigen frierenden Menschen mit Kleidung zu versorgen, einem einzigen Obdachlosen ein Dach über dem Kopf zu geben. Sie sind alle eure Brüder und Schwestern! Ich habe einen jeden von ihnen einzigartig gemacht! Ich liebe sie alle! Wie könnt ihr es wagen, zornig auf mich zu werden, weil ich nicht genug tue, wenn ihr nicht genug tut?

Eure Gebete sind gut und recht. Betet ruhig weiter, aber wenn ihr fertig seid, dann geht auch hinaus und tut die Arbeit in der Welt, die dazu beitragen wird, dass eure Gebete in Erfüllung gehen.

Ich habe euch mehr als genug Gaben gegeben, damit es für alle reicht! Wenn ihr diese Gaben miteinander teilt, werdet ihr bessere Menschen und die Welt wird ein schönerer Ort. Ihr seid meine Hände, und ich will, dass ihr meine Gaben überall verteilt!«

Wahrscheinlich würde uns Gott ziemlich genau das sagen.

14

Liebt mich Gott immer?

Ja.

Immer.

Aber manchmal ist es schwer, das zu spüren.

Es gibt viele Menschen, die für lange Zeit sehr traurig werden. Und zwar nur, weil sie glauben, dass niemand sie liebt. Sie glauben, mit ihnen stimme etwas nicht, oder sie hätten etwas an sich, wofür sie sich schämen müssten. Deshalb fühlen sie sich ungeliebt. Menschen, die sich nicht geliebt fühlen, sind wie Pflanzen ohne Wasser. Sie verdorren.

Die meisten Menschen, die diese Art von Trauer fühlen, werden durchaus geliebt, aber aus irgendeinem Grund können sie diese Liebe einfach nicht spüren. Deswegen müssen wir uns unbedingt immer wieder daran erinnern, dass Gott uns genau so liebt, wie wir sind. Gott hat uns einzigartig wie Gott und wunderbar lebendig geschaffen. Gott hat uns großartig gemacht!

Manchmal ist es leichter zu glauben, dass Gott uns liebt, als zu glauben, dass die Menschen uns lieben. Gott hat nie so viel zu tun, dass er uns nicht zuhören kann, denn Gott ist vollkommen. Aber Menschen können so viel zu tun haben, dass sie keine Zeit mehr füreinander haben. Manchmal sind wir so mit dem beschäftigt, was wir zu tun haben, dass wir die Gefühle der Menschen um uns herum vergessen. Wir vergessen manchmal, wie sehr wir alle das Gefühl brauchen, gern gesehen zu sein. Wir sind einzigartig wie Gott, aber wir sind nicht vollkommen wie Gott, deshalb müssen wir uns große Mühe geben, den Menschen, die wir lieb haben, klarzumachen, dass wir sie wirklich die ganze Zeit lieb haben, auch wenn wir es nicht dauernd sagen. Wenn ihr also denkt, dass nur Gott euch liebt, dann vergesst nicht, dass auch viele Menschen euch lieb haben, auch wenn sie es nicht oft genug sagen.

Manchmal ist es leichter zu glauben, dass die Menschen uns lieben, als zu glauben, dass Gott uns liebt. Wenn jemand, den wir lieb haben, stirbt, werden wir manchmal wütend auf Gott. Wenn wir Schlechtes in der Welt sehen, werden wir auch manchmal wütend auf Gott. Wir haben schon davon gesprochen, dass es in Ordnung ist, in solchen Zeiten auf Gott wütend zu werden; aber Gott will, dass wir uns auch vor Augen halten, dass wir andere Menschen lieben, weil sie für uns einzigartig sind, und dass Gott uns diese Einzigartigkeit geschenkt hat und die Liebe zwischen uns möglich macht. Ob wir also zuerst Gott lieben oder zuerst einander lieben, wir müssen uns stets daran erinnern, dass Gott uns immer liebt, genau so, wie wir sind.

Wenn wir von jemandem geliebt werden, spüren wir das, weil er uns in den Arm nimmt oder uns einen Kuss gibt. Gott hat keine Lippen und Gott hat keine Arme, wie können wir also die Liebe Gottes spüren? Gott »umarmt« uns auch, und Gott »küsst« uns, aber diese Umarmungen und diese Küsse sind anders als die von Menschen.

Seid ihr je durch den Schnee gestapft und habt gespürt, wie eine Schneeflocke auf euren Lippen landet und dort schmilzt? Diese schmelzende Schneeflocke ist wie ein Kuss von Gott. Habt ihr je gespürt, wie euch am Wasser der Wind von den Wellen her ins Gesicht bläst, so dass ihr euch richtig gegen ihn stemmen müsst? Dieser Wind ist wie eine Umarmung Gottes. All die wunderbaren Dinge in der Welt sind wie Umarmungen und Küsse Gottes.

Gott umarmt und küsst uns durch die Welt, und wir sollten uns Mühe geben, diese Welt sauber zu halten, damit dann, wenn Gott unsere Kinder und deren Kinder umarmt und küsst, die Schneeflocken, die auf ihren Lippen schmelzen, noch immer rein und weiß sind.

Gott umarmt und küsst uns auch, wenn wir einander umarmen und küssen. Jedes Mal, wenn wir lieb zueinander sind, jedes Mal, wenn wir einander helfen, jedes Mal, wenn wir nicht gemein zueinander sind, ist Gott auch mit dabei und macht die Liebe in der Welt größer.

Gott liebt uns also immer. Wir müssen uns stets daran erinnern, selbst in Zeiten, in denen wir sehr traurig sind und am liebsten hinausgingen und Würmer äßen (vergesst nicht, dass Gott auch die Würmer gemacht hat!), dass Gottes Liebe immer bei uns ist. Eine Umarmung ist und bleibt eine Umarmung, und ein Kuss ist und bleibt ein Kuss, ob von Gott oder von einem Menschen.

Gott liebt dich.

Immer.

Genau so, wie du bist.

15

Wenn es nur einen Gott gibt, warum gibt es dann so viele Religionen?

Verschiedene Religionen gibt es aus demselben Grund, aus dem es viele Wege auf einen Berg gibt. Wenn der Berg groß genug ist, führen viele Pfade zu seinem Gipfel, weil einige Bergsteiger einen Weg in die Höhe einschlagen, andere einen anderen. Nach vielen Jahren sind manche der Wege auf den Berg stärker ausgetreten, weil die Bergsteiger festgestellt haben, dass diese Wege brauchbar sind und zum Gipfel führen, ohne dass sie sich unterwegs verirren. Aber es kommen auch ständig neue Bergsteiger an den Berg, und manche von ihnen möchten nicht die ausgetretenen Pfade benützen. Deshalb probieren sie neue Wege aus. Manchmal schlagen sie einen guten neuen Weg zum Gipfel ein, manchmal verirren sie sich. Einen neuen Weg zu beschreiten ist schwer, weil man nicht weiß, ob er einen ans Ziel bringt.

So eine Art Berg erklimmen auch alle Menschen, die

Gott suchen. Die verschiedenen Wege zum Gipfel sind dabei unsere verschiedenen Religionen. Wir sind die Bergsteiger. Der Gipfel des Berges ist der Ort, an dem wir Gott begegnen. Gott freut sich darüber, dass es so viele Wege gibt, denn das bedeutet, dass jeder einen anderen Teil des Berges kennen lernen kann. Es bedeutet auch, dass mehr Menschen auf den Berg klettern können, weil es mehrere Wege zum Gipfel gibt. Gott freut sich, dass so viele Wege auf den Berg führen. Gott liebt alle Bergsteiger, und Gott hilft jedem Einzelnen bei seinem Aufstieg.

Früher einmal, vor langer Zeit, gab es keine Wege auf den Berg. Dann kam eine Gruppe sehr guter Bergsteiger. Diese ersten Bergsteiger waren Juden. Sara, Abraham, Rachel, Mose, Jesaja und viele andere. Abraham war der erste Kletterer, und Mose war der beste, den die Juden je im Einsatz hatten. Der älteste Weg auf den Berg ist der, den diese jüdischen Bergsteiger bahnten. Juden ersteigen den Berg auch heute noch auf diesem Pfad.

Nach einiger Zeit schlugen einige der jüdischen Bergsteiger einen neuen Weg zum Gipfel ein. Zu ihnen gehörten Matthäus, Markus, Lukas, Johannes, Maria, Petrus, Paulus, Jakobus und viele andere. Sie folgten einem neuen Weg, den ihnen Jesus zeigte, von dem sie glaubten, er sei der Sohn Gottes. Der neue Weg war gut. Er führte ebenso zum Gipfel des Berges wie der jüdische Weg. Die neuen Bergsteiger, die beschlossen hatten, Jesu Weg auf den Berg zu nehmen, nannten sich Christen. Ihren Weg benützten viele Menschen, und sie gelangten zum Gipfel des Berges, und auch jetzt kommen auf diesem Weg noch viele Menschen dorthin.

Dann schlug ein Bergsteiger namens Mohammed einen neuen, eigenen Weg ein. Viele Menschen folgten ihm auf dem Weg zum Gipfel, den er ihnen gezeigt hatte, und diese Bergsteiger nannten sich Muslime.

Nach langer Zeit, als schon viele Bergsteiger den alten christlichen Weg beschritten hatten, teilte sich dieser Weg, und manche Christen gingen auf dem alten Weg weiter, andere auf einem neuen, der aber nahe beim alten Weg lag. Von den christlichen Bergsteigern nannten sich manche Protestanten, manche Katholiken und manche orthodoxe Christen.

Aber schließlich führen alle diese Wege zum Gipfel des Berges. Als die Bergsteiger oben ankamen, geschah etwas Wunderbares. Sie sahen, dass der Gipfel des Berges der Himmel war und dass sie dort Gott begegneten. Als sie sich umschauten, sahen sie Licht und Farben und zahlreiche ganze Familien beisammen. Manche dieser Menschen auf dem Gipfel des Berges waren alt, manche jung. Sie sahen auch Tiere auf dem Gipfel des Berges, und sie fühlten sich innerlich so froh, dass sie einfach zu singen und zu tanzen anfingen.

Die jüdischen und die christlichen und die muslimischen Bergsteiger waren erstaunt und sehr glücklich, als sie erfuhren, dass der Berg so gewaltig ist, dass auch noch aus anderen Richtungen Bergsteiger zum Gipfel kommen. Die Wege, denen sie folgten, unterschieden sich vom jüdischen, christlichen und muslimischen Weg, aber sie führten ebenfalls zum Gipfel. Diese anderen Wanderer hießen Hindus. Dann kamen Bergsteiger, die auf dem Hinduweg begonnen und dann einen neuen, eigenen Pfad eingeschlagen hatten, und sie hießen Buddhisten. Und es gab genug Platz für alle!

Auf dem Weg zum Gipfel des Berges trifft man vielleicht Wanderer, die einem sagen: »Unser Weg ist der einzige Weg auf den Berg! Kein anderer Weg führt zum Gipfel. Wenn du den Gipfel dieses Berges erreichen willst, verlässt du besser den Weg, auf dem du gerade bist, und folgst unserem Weg. Wenn du das nicht tust, wirst du nie auf dem Gipfel ankommen, das wissen wir ganz genau.«

Es ist gut, dass diese Bergsteiger so zufrieden sind mit ihrem Weg, aber es ist nicht gut, dass sie anderen Wanderern nicht die Möglichkeit geben wollen, auf ihrem eigenen Weg zum Gipfel zu gelangen. Diese Bergsteiger haben das Wichtigste vergessen: *Viele Wege führen auf den Gipfel!* Diese Bergsteiger wissen nicht genug über das Bergsteigen oder über den Berg. Wenn ihr also auf eurem Weg solchen Bergsteigern begegnet, dann versucht, Geduld mit ihnen zu haben und ihnen beizubringen, dass viele Wege zum Gipfel hinaufführen.

Allerdings erreichen nicht alle Bergsteiger den Gipfel des Berges. Manche denken, dass es zu lange dauert, bis sie oben sind, und geben auf. Manche denken vielleicht, dass dort oben nichts Besonderes zu sehen ist, und geben deshalb auf. Manche fürchten vielleicht, dass sie nicht genug Kraft haben hinaufzukommen, und geben auf. Und manche schlagen falsche Wege ein. Aber gebt nicht auf! Gott möchte, dass ihr auf dem Gipfel des Berges ankommt. Gott hat die Wege, die zum Gipfel führen, überall markiert. Es dauert lange, auf den Berg zu klettern, aber es macht Spaß, und ihr werdet unterwegs wunderbare Menschen kennen lernen. Gott gibt auch jedem Bergsteiger Kraft, der ernstlich bis zum Gipfel kommen will.

Denkt daran, dass wir diesen Berg alle gemeinsam erklimmen. Wenn ihr also andere Wanderer auf anderen Wegen trefft, dann bleibt stehen und unterhaltet euch mit ihnen. Erzählt ihnen, was ihr auf eurem Weg gelernt habt. Fragt sie, was sie auf ihrem Weg erfahren haben. Und vergesst nicht, euren Proviant mit ihnen zu teilen und ihnen ein paar von euren Wanderliedern beizubringen.

Wenn ihr sie wieder verlassen müsst, dann erklärt ihnen: »Ich gehe jetzt meinen Weg auf den Berg weiter, den meine Väter und Mütter mir vorgezeichnet haben. Ich wünsche euch einen guten Aufstieg auf eurem Weg. Ich werde für euch beten. Danke, dass ihr mir von dem erzählt habt, was ihr gesehen habt. Ich weiß, dass wir auf dem Weg zum Gipfel noch mehr sehen werden. Ich weiß auch, dass der Weg steil ist, aber ich weiß ebenso, dass wir uns eines Tages auf dem Gipfel dieses Berges treffen werden. Dort werden wir nicht mehr müde sein. Dort werden wir so weit sehen können, wie es überhaupt geht. Dort werden wir so viel lernen, wie ein Mensch überhaupt über Gott lernen kann. Dort werden wir alle zusammen sein, die Bergsteiger, die es schon lange geschafft haben, und diejenigen, die gerade jetzt unterwegs sind. Gott segne euch und viel Glück bei eurem Aufstieg zum Gipfel!«

16

Spricht Gott zu den Menschen?

Gott spricht zu uns durch Propheten. Das sind Menschen, die uns verkünden, was Gott uns mitteilen will. Deswegen kann man sie auch Verkünder nennen. In der gesamten Zeit, in der Menschen auf dem Planeten Erde gelebt haben (das ist bei näherem Hinsehen gar nicht so lang), gab es viele Propheten, die den Menschen verkündet haben, was Gott ihnen mitteilen wollte.

Propheten gibt es in allen Farben und Formen und Größen. Es können Männer oder Frauen, Kinder oder alte Menschen sein. Sie kommen aus allen Völkern und sind in allen Religionen zu finden. Manche verkünden uns das, was Gott uns mitteilen will, durch Worte. Manche durch Gesang. Manche durch Malerei. Manche durch Musik. Weil Gott uns so vieles mitteilen möchte und es uns auf so vielen Wegen kundtun möchte, gibt es immer Platz für neue Verkünder, die neue Wege finden, uns Gottes Botschaften weiterzugeben.

Nach einer Reihe von Jahren haben die Menschen dann ihre Lieblingspropheten, und es gibt Fanklubs für Propheten, das sind die Religionen. Es gibt alte und neue Propheten, aber die Lieblinge der Menschen sind meistens die älteren. Dafür gibt es gute Gründe. Als die Menschen den alten Propheten zuhörten, lernten sie etwas über Gott und darüber, was Gott von ihnen wollte.

Betrüblicherweise sind viele Leute, die sagen, dass sie Propheten seien, Schwindler. Sie haben gar nicht Gottes Stimme gehört. Alles, was sie sagen, haben sie sich einfach nur ausgedacht. Und es ist schlimm, wenn man den Menschen weismachen will, man sei ein Prophet, wenn man in Wahrheit ein Schwindler ist.

Wenn genug Zeit vergangen ist, kann man die Schwindler und die echten Propheten leicht voneinander unterscheiden. Den echten Propheten hören die Menschen Jahr um Jahr zu. Die falschen Propheten werden einfach uninteressant, wenn die Menschen erkennen, dass sie nichts über Gott lernen, wenn sie ihnen zuhören. Manchmal kann ein falscher Prophet die Menschen lange Zeit täuschen, aber früher oder später haben sie es satt, ihm zuzuhören. Und aus diesem Grund schenken die Menschen den alten Propheten mehr Vertrauen als den neuen. Sie sind schon länger da. Und was sie zu sagen haben, ist überprüft worden. Was sie zu sagen haben, ist wahr.

Wie überprüft man einen Propheten? Woher weiß man, ohne erst lange Zeit warten zu müssen, ob das, was ein Mensch verkündet, von Gott kommt oder frei erfunden ist? Eine Möglichkeit, Propheten zu überprüfen, ist, genau auf das zu hören, was sie sagen. Sagen sie euch, ihr sollt jemanden verletzen? Sagen sie euch, ihr sollt von zu Hause weglaufen? Sagen sie euch, ihr sollt etwas tun, was ihr immer für schlecht gehalten habt? Sagen sie euch, ihr sollt nie auf einen anderen Propheten hören? Wollen sie Geld von euch haben, ehe sie euch irgendetwas sagen? Wenn auch nur einer dieser Punkte zutrifft, dann kann man fast darauf wetten, dass es sich um einen falschen Propheten oder eine falsche Prophetin handelt.

Echte Propheten, die wirklich Gottes Stimme hören und die wirklich sagen, was Gott uns mitteilen möchte, sagen nie, dass man jemanden verletzen oder auf keinen anderen Propheten hören oder von zu Hause ausreißen oder ihnen Geld geben soll, ehe sie einem etwas sagen. Sie wollen euch nur näher zu Gott bringen, und auch näher zueinander. Sie wollen, dass ihr das tut, von dem ihr in eurem Herzen wisst, dass es gut und richtig ist, und sie wollen, dass ihr den Menschen helft und ein gutes und anständiges Leben führt. Was sie sagen, ist meist nicht neu, aber dafür umso wichtiger.

Die Tatsache, dass die Menschen alte Propheten lieber haben als neue, macht es einem neuen Propheten natürlich schwer, sich Gehör zu verschaffen. Ein echter Prophet kümmert sich aber nicht darum, wie viele Menschen auf ihn hören. Wichtig ist ihm nur, dass er genau das verkündet, was Gott ihm gesagt hat.

Wer kann ein Prophet sein? Die Antwort auf diese Frage überrascht euch vielleicht: *Jeder kann ein Prophet sein!* Gott hat uns alle einzigartig gemacht. Und wir haben alle Ohren, um Gott zu hören. Sogar taube Menschen haben Ohren, mit denen sie Gott hören können, denn Gott spricht nicht zu uns wie unser Onkel Leopold oder unsere Tante Agathe. Gott spricht direkt zu unserer Seele. Gott lässt uns unmittelbar wissen, was er uns mitteilen möchte. Daher muss man nicht mit den Ohren hören können, um Gott hören zu können, und auch nicht mit den Augen sehen, um Gott schauen zu können. Jeder kann ein Prophet sein.

Um ein Prophet sein zu können, muss man aber Gott hören können, damit man weiß, was man verkünden soll. Manche Propheten müssen still sein und ganz aufmerksam lauschen, um Gott zu hören. Sie müssen stillsitzen, still werden und schweigen und alles außer Gott vergessen. Dann können sie sagen: »So, Gott, jetzt bin ich bereit, dich zu hören, und bereit, anderen zu verkünden, was du mir sagst.«

Andere Propheten können Gott auch hören, während sie mit etwas beschäftigt sind. Sie hören Gott durch die Dinge hindurch, die sie gerade tun. Was sie tun, hilft ihnen, sich Gott nahe zu fühlen, und dann können sie sagen: »So, Gott, jetzt bin ich bereit, dich zu hören, und bereit, anderen zu verkünden, was du mir sagst.« Verschiedene Propheten hören Gott auf unterschiedliche Weise und verkünden auch auf unterschiedliche Weise, was sie gehört haben. Ihr müsst also den Weg des Hörens und Verkündens finden, der am besten zu euch passt.

Wenn ihr nun all das tut, wird Gott dann zu euch sprechen? Vielleicht ja, vielleicht aber auch nicht. Man kann einfach nicht sicher wissen, wann Gott zu einem sprechen und was er sagen wird. Gute Propheten können offenbar besser hören als die meisten von uns, deshalb hören sie deutlicher, was Gott zu sagen hat. Es ist wie beim Malen. Jeder kann irgendetwas malen, aber nur wenige wirklich gute Maler können auch bedeutende Bilder malen. Warum ist das so? Wir wissen es nicht, es ist einfach so. Gott gibt einem jeden von uns besondere Gaben, besondere Begabungen. Wenn wir erwachsen werden, müssen wir unter anderem herausfinden, welche Begabungen Gott uns geschenkt hat. Manche Menschen haben die Gabe mitbekommen, wirklich gute Verkünder zu sein, andere haben die Gabe, sehr gut zuhören zu können. Aber auf alle Fälle können mehr Menschen gute Propheten als gute Maler sein.

Vielleicht wirst du der nächste große Prophet auf dem Planeten Erde sein.

Vielleicht wird Gott dir etwas sagen, was wir alle wissen müssen, und nur du bekommst die Botschaft. Mache dich also bereit, lausche aufmerksam und verkünde Gott zuliebe genau das, was dir gesagt wird.

17

Was soll ich nach Gottes Willen tun?

Verkünden ist nicht genug. Wir müssen auch etwas tun. Gott spricht nicht einfach zum Spaß zu uns. Gott spricht zu uns, um uns daran zu erinnern, dass wir etwas tun sollten, damit die Welt besser, sauberer, sicherer und schöner wird und damit wir einander und Gott mehr Liebe schenken. Wenn wir denken, wir müssten Gottes Botschaft nur verkünden und dann sei unsere Aufgabe erledigt, müssen wir noch einmal neu nachdenken. Gott will, dass wir Gutes tun, nicht nur Gutes denken oder verkünden.

Nach unserer Auffassung ist das, was wir nach Gottes Willen tun sollen, in mehrere Stapel Schachteln verteilt, die Dinge enthalten, die wir tun sollen. Da gibt es einen großen Stapel mit Dingen, die alle tun sollen. Neben dem großen Stapel gibt es auch viele kleinere Stapel Schachteln, in denen Dinge sind, von denen Gott will, dass nur Juden oder Christen oder Muslime oder Hindus sie tun.

Die Schachteln im ersten Stapel, die für uns alle gedacht sind, enthalten zum Beispiel, dass wir armen Menschen helfen sollen, unsere Eltern lieben sollen, nicht stehlen, niemanden umbringen und niemanden in irgendeiner Weise verletzen sollen. Das sind Dinge, zu denen Gott alle Menschen auffordert, ganz gleich, wer sie sind, wo sie leben und was sie glauben. Wenn wir diese Dinge tun, wird die Welt für alle besser, und wenn wir sie nicht tun, wird die Welt schrecklich und beängstigend.

Gott will, dass wir die Aufgaben in den Schachteln im großen Stapel erfüllen, aber es bleibt jedem Einzelnen überlassen, auf welche Weise er sie erfüllen will. In einer Schachtel des großen Stapels findet sich die Aufforderung, unseren Nächsten zu lieben wie uns selbst, aber Gott sagt uns nicht genau, wie wir das tun sollen. Wir müssen es selbst herausfinden. Gott sagt, wir sollen anderen vergeben, aber nicht, wie das geht. Gott sagt uns, wir sollen Frieden schließen, aber nicht, wie wir uns für den Frieden einsetzen sollen. Gott sagt, wir sollen die Hungrigen speisen, aber nicht, wie wir das anstellen sollen. Gott sagt, wir sollen uns ausruhen und nicht die ganze Zeit arbeiten, aber nicht, wie. Gott sagt uns, was wir tun sollen, aber nicht, wie, wir müssen uns ausdenken, wie wir es in unserer ganz persönlichen Weise tun wollen.

Wir kennen eine Frau, die als Bedienung arbeitet, um Geld zu verdienen. Dann verwendet sie das Geld dazu, um Medizin und andere Dinge zu kaufen, die sie braucht, um verletzte Vögel gesund zu machen. Wenn sie kann, behandelt sie die Vögel, füttert und beschützt sie, bis es ihnen besser geht, und lässt sie dann wieder frei. Sich um verletzte Vögel zu kümmern ist ihre ganz persönliche Art, Tieren zu helfen, und das gehört in den großen Stapel der Dinge, zu denen Gott uns alle aufruft. Diese wunderbare Frau hat ihren ureigenen Weg gefunden, eine Aufgabe aus dem großen Stapel zu erfüllen.

Wir kennen auch eine Frau, die armen, kranken Menschen in den Slums von Indien hilft. Sie geht jeden Tag auf die Straße und versucht für die Menschen zu tun, was die Vogelfreundin für die Vögel tut. Armen, kranken Menschen zu helfen ist ihre Art, Menschen Gutes zu tun, und das gehört in den großen Stapel der Dinge, zu denen Gott uns alle aufruft.

Auch ihr könnt eure ganz persönliche Art und Weise finden, die Aufgaben in dem großen Stapel zu erfüllen. Ihr könnt Menschen beobachten, die Gutes tun. Ihr könnt ihnen dabei helfen, Gutes zu tun. Ihr könnt zu Gott beten. Die Hauptsache ist, dass ihr, und nur ihr, euren eigenen, persönlichen Weg findet, die im großen Stapel geforderten Dinge zu tun. Gott wird euch helfen, aber ihr selbst müsst nach Wegen suchen und die Dinge tun.

Erinnert euch, dass der große Stapel Schachteln mit Aufgaben, die jeder in seiner eigenen Weise erfüllen soll, nur einer von mehreren Stapeln mit Dingen ist, zu denen Gott uns auffordert. Daneben gibt es noch viele andere, kleinere Stapel nahe bei dem großen, und in jedem dieser kleinen Stapel sind besondere Dinge, die wir tun sollen und die Gott den Menschen in den einzelnen Religionen aufgetragen hat.

Wenn du ein Christ bist, solltest du zu dem Stapel mit den christlichen Dingen gehen, zu denen Gott uns aufruft, und so viele wie möglich tun. Im christlichen Stapel sind schöne und ganz eigene Dinge, die Christen tun sollten. Dinge wie zum Gottesdienst gehen, die Kommunion empfangen, beten, Lieder singen, in der Bibel lesen, sich an Weihnachten an die Geburt Jesu erinnern, sich darüber freuen und einen Christbaum schmücken, sich an Ostern an den Tod und das Leben Jesu erinnern und Ostereier bemalen, sich im Advent und in der Fastenzeit Gott besonders nahe fühlen und all die speziellen christlichen Dinge tun und die typischen Festtagsspeisen essen, deren Zubereitung Spaß macht und die so gut schmecken und die Gott in den Stapel der Christen gepackt hat.

Wenn du ein Jude bist, solltest du zu dem Stapel mit den jüdischen Dingen gehen, zu denen Gott uns aufruft, und so viele wie möglich tun. Im jüdischen Stapel sind schöne und ganz eigene Dinge, die Juden tun sollten. Dinge wie in die Synagoge gehen, beten, Lieder singen, in der Bibel lesen, sich freuen an Rosch Ha-Schana, nichts essen und den ganzen Tag beten an Jom Kippur, eine Laubhütte bauen, mit der Tora tanzen, die Chanukka-Kerzen anzünden, sich verkleiden und Lärm machen an Purim, sich an den Auszug aus Ägypten erinnern und Matzen essen am Passahfest, Gott für die Tora danken an Schawuot und all die jüdischen Dinge tun und die besonderen Festtagsspeisen essen, deren Zubereitung Spaß macht und die so gut schmecken und die Gott in den Stapel der Juden gepackt hat.

Jede Religion hat ihren eigenen Stapel von besonderen und schönen Dingen, zu denen Gott uns alle aufruft.

Nun möchtet ihr vielleicht gerne wissen, warum Gott nicht einfach einen einzigen, riesigen Stapel Schachteln mit Aufgaben aufgeschichtet hat. Vielleicht fragt ihr: »Warum hat Gott eine ganze Menge Stapel mit Aufgaben gemacht?« Um die Antwort zu begreifen, müsst ihr etwas vom Singen verstehen. Wenn viele Menschen ein Lied singen und alle singen einstimmig dieselbe Melodie, hört sich das Lied wahrscheinlich ziemlich langweilig an, und es wird auch nicht sehr schön klingen. Aber wenn die Sänger mehrere Stimmen singen, die harmonisch zusammenklingen, ist das Lied interessant und kann viel schöner werden, als wenn alle nur einstimmig singen. Und deshalb hat Gott auch eine ganze Menge kleiner Stapel Schachteln nahe bei dem großen Stapel gemacht.

Wenn wir alle die Dinge im großen Stapel machen, wird die Welt besser, liebevoller und friedlicher, es gibt weniger Verletzungen und Tränen in der Welt. Und wenn wir alle die Dinge in den kleinen Stapeln machen, werden wir innerlich und äußerlich besser, und die Welt wird von vielerlei Stimmen erfüllt, mit denen wir unsere Liebe zu Gott besingen. Und dieses Lied ist viel schöner, als es wäre, wenn wir alle dieselbe Melodie singen würden. Wenn wir die Dinge in dem großen Stapel tun, geben wir der Welt Liebe. Wenn wir die Dinge in den kleinen Stapeln tun, verleihen wir der Welt, uns selbst und unserem Leben Harmonie. Harmonie entsteht, wenn viele Menschen gemeinsam singen, aber nicht alle einstimmig dieselbe Melodie.

Gehen wir also auf der Stelle hin und beginnen, mehr von den Dingen zu tun, zu denen Gott uns aufruft. Versuchen wir der ganzen Welt zu helfen, harmonischer zu singen. Wir sind die Hände und Arme Gottes, die die Dinge in dem großen Stapel und in den kleinen Stapeln tun, die um Gottes willen getan werden müssen, die um unsertwillen getan werden müssen und die um der Welt willen getan werden müssen. Aber wir sind noch mehr als das, wir sind Gottes Stimme in der Welt.

Wir sind die Sänger von Gottes Liebesliedern.

Hier noch einige zusätzliche Fragen. Sie können euch helfen, noch weiter über Gott nachzudenken und zu sprechen.

1. Wo fühlst du dich Gott am nächsten?
2. Wann hast du zuletzt deine innere Stimme gehört?
3. Welcher Abschnitt der Bibel gefällt dir am besten?
4. Wer von den Menschen, die du kennst, hat Gott ganz besonders weit in sein Leben eingelassen?
5. Was glaubst du, wie Gott aussieht?
6. Was war das letzte Wunder, das du gesehen hast?
7. Wen möchtest du gerne wiedersehen, wenn du in den Himmel oder in die kommende Welt kommst?
8. Was war die letzte wirklich gute Tat, zu der du dich entschlossen hast?
9. Was würdest du von den schlechten Dingen in der Welt am liebsten verändern?
10. Wie hast du jemandem geholfen, der Schmerzen hatte?
11. Wenn alle deine guten Taten auf einer Waagschale aufgestapelt würden und alle deine schlechten Taten auf der anderen, welche Seite würde dann schwerer wiegen?
12. Worüber bist du am meisten auf Gott wütend?
13. Was sagst du in deinen Gebeten am häufigsten zu Gott?
14. Wen hast du lieb?

15. Wenn du deine Religion einem anderen erklären müsstest, was würdest du dann sagen?
16. Wer ist dein Lieblingsprophet?
17. Was möchtest du in deinem Leben für Gott tun?

Mein Freund Tom Hartman

Tom ist ein Priester, der die Menschen liebt, im Fernsehen auftritt und viel Zeit damit verbringt, zu beten und anderen Menschen zu helfen. Er ist Direktor eines Fernsehsenders auf Long Island, der religiöse Sendungen ausstrahlt. Tom ist oft im Fernsehen zu sehen; er versteht es ausgezeichnet, Fragen zu stellen, und noch besser, auf die Antworten zu hören. Tom liebt auch Musik und macht ein Rundfunkprogramm, in dem er Rockmusik bringt und darüber spricht, was die Texte bedeuten. Tom meint, dass manche Rocksongs wie Gedichte sind, und ich glaube, er hat Recht.

Tom arbeitet sehr viel. Er steht immer vor mir auf und geht immer nach mir ins Bett. Viele Menschen, die traurig oder wütend sind, kommen zu Tom, weil er so freundlich ist. Sie brauchen nur eine Weile bei ihm sein, dann geht es ihnen gleich viel besser, einfach, weil Tom da ist. Er lebt auf Long Island und unterrichtet viele Kinder. Tom ist einer meiner besten Freunde.

Rabbi Marc Gellman

Mein Freund Marc Gellman

Marc ist ein Rabbiner, der die Menschen liebt, im Fernsehen auftritt und viel Zeit damit verbringt, zu beten und anderen Menschen zu helfen. Er ist der Rabbiner einer Synagoge namens Temple Beth Torah auf Long Island. Verheiratet ist er mit Betty, einer liebenswürdigen, wunderbaren Frau. Marc und Betty haben zwei Kinder: Mara, die in Colorado ein College besucht, und Max, der noch auf die High School geht. Mara malt hervorragend. Max ist groß und spielt schon recht gut Saxophon. Marc und Betty haben einen kleinen weißen Hund namens Willie und viele Fische. Marc ist ein großer Schriftsteller und Geschichtenerzähler. Sein erstes Buch hieß *Does God Have a Big Toe? Stories about Stories in the Bible* (Hat Gott eine große Zehe? Geschichten über biblische Geschichten). Ich liebe die Geschichten in diesem Buch. Marc ist auch ein Doktor – ein Doktor der Philosophie, und das heißt, dass er zwar sehr viel weiß, euch aber nicht den Blinddarm herausnehmen kann. Marc hat am College unterrichtet und auch an vielen anderen Orten, an denen die Menschen von ihm gelernt haben. Marc ist einer meiner besten Freunde.

Monsignor Thomas Hartman